飞花令·月

中国文化·古典诗词品鉴

素心落雪
编著

中国文史出版社

图书在版编目（CIP）数据

飞花令．月 / 素心落雪编著．— 北京：中国文史出版社，2018.5

ISBN 978-7-5205-0261-0

Ⅰ．①飞…　Ⅱ．①素…　Ⅲ．①古典诗歌—诗集—中国　Ⅳ．①I222

中国版本图书馆CIP数据核字（2018）第095766号

责任编辑：高　贝

出版发行：**中国文史出版社**
社　　址：北京市海淀区西八里庄69号　邮编：100142
电　　话：010-81136606　81136602　81136603（发行部）
传　　真：010-81136655
印　　装：廊坊市海涛印刷有限公司
经　　销：全国新华书店
开　　本：787mm × 1092mm　1/32
印　　张：6.75　　字数：120千字
版　　次：2018年8月第1版
印　　次：2022年10月第3次印刷
定　　价：29.80元

解读飞花令

飞花令，原是饮酒助兴的游戏之一，输者罚酒。源自古人的诗词之趣，得名于唐代诗人韩翃《寒食》中的名句“春城无处不飞花”。古代的飞花令要求，对令人所对出的诗句要和行令人吟出的诗句格律一致，而且规定好的字出现的位置同样有着严格的要求。

而现行“飞花令”的游戏规则相对宽松得多，只要围绕关键字背诵出相应的诗句即可。即使这样，“飞花令”仍是真正高手之间的对抗，因为这不仅考察对令者的诗词储备，更是临场反应和心理素质的较量。

飞花令——目录

月

李　白

高　适

月

月

骆宾王

骆宾王（约638—约684），字观光，汉族，婺州义乌（今浙江义乌）人，初唐诗人，与王勃、杨炯、卢照邻合称为“初唐四杰”。骆宾王以七言歌行体诗的成就最高，如《帝京篇》《畴昔篇》等。其诗格律谨严，讲究对仗，内容广泛，格调高远，多感叹个人遭遇、抨击社会现实之作。

弓弦抱汉月，马足践胡尘

从军行

唐·骆宾王

平生一顾重，意气溢三军。
野日分戈影，天星合剑文。
弓弦抱汉月，马足践胡尘。
不求生入塞，唯当死报君。

注释

从军行：乐府旧题，多反映军旅生活。

一顾：古书中有伯乐一顾而马价十倍之说，比喻受到重用和提携。

意气：诗中指气概。

三军：代指军队。

剑文：宝剑上的花纹。

简析

“平生一顾重，意气溢三军”，伯乐相马，马贵十倍，诗人的一生也是在等待伯乐赏识和重用，一旦有人慧眼识珠，诗人必当捐躯报国，勇冠三军。“野日分戈影，天星合剑文”，具体生动地再现了激烈的战斗场景。无论白天黑夜，将士们都挥戈仗剑，奋勇杀敌。字里行间充满了英雄气概。“弓弦抱汉月，马足践胡尘”，此联继续写战争场面，将士们挽弓射箭，弓弦弯弯像是汉地的明月；跨马追击，马蹄飞起落下，奔驰在胡地的沙尘上。虽是边塞景色，但不见萧瑟与凄凉，反而鲜明地刻画出军士们英姿勃发、奋勇当先的英雄形象。“不求生入塞，唯当死报君”，尾联诗人直抒胸臆，表达了誓死报国的赤胆忠心。

背景

此诗为“初唐四杰”之一的骆宾王所作，诗人借用乐府旧题，展现出英勇无畏、视死如归的沙场英雄气概。

名家点评

〔明〕徐用吾：此篇词语不下杨炯，而意气胜之。(《唐诗分类绳尺》)

苏味道

苏味道（648—705），赵州栾城（今属河北）人。高宗乾封年间进士。武则天圣历初，官至宰相。后因亲附张易之兄弟，中宗时贬为眉州刺史。少时与李峤齐名，并称“苏李”，并与李峤、崔融、杜审言合称初唐“文章四友”。其诗多咏物诗，诗风清正挺秀，绮而不艳。

暗尘随马去，明月逐人来

正月十五夜

唐 · 苏味道

火树银花合，星桥铁锁开。
暗尘随马去，明月逐人来。
游伎皆秾李，行歌尽落梅。
金吾不禁夜，玉漏莫相催。

注释

火树银花：比喻绚烂的烟火。

星桥：城河桥上，灯如繁星。

秾李：指观灯歌伎打扮得艳若桃李。

落梅：曲名，即《梅花落》。

金吾：即执金吾，官名，负责京城的戒备防护。

玉漏：玉制的滴漏，古时用来计时。

简析

首句“火树银花合，星桥铁锁开”，描述了一幅绚丽热闹的上元节场景，烟花盛放，灯火辉煌，金光银光交织，仿如火花成树盛开。星桥开放，百姓纷拥欣赏美丽夜景。“暗尘随马去，明月逐人来”，“暗尘”与“明月”相对，喻示旧日愁闷的远去及新年的崭新风貌。“游伎皆秾李，行歌尽落梅”，游伎们打扮得艳若桃李，街上飘荡的歌声都是落梅曲，处处都是欢声笑语。“金吾不禁夜，玉漏莫相催”，今夜不再宵禁，无须时时注意滴漏的报时，百姓可彻夜欢聚，上元节的欢乐绚丽显露无遗。

这首诗所描写的热闹欢愉景象正是盛唐空前繁荣的写照，因而颇为后人追慕向往。

背景

此诗为苏味道所作，描写了武则天时期元宵节的观灯盛况。其中，“火树银花”一句影响甚远。

名家点评

〔清〕王夫之：“火树银花合”，浑然一气。(《姜斋诗话》)

〔清〕屈复：此诗人传诵已久，他作莫及者。元夜情景，包括已尽，笔致流动。天下游人，今古同情，结句遂成绝调。(《唐诗成法》)

陈子昂

陈子昂（约661—702），字伯玉，梓州射洪（今四川省遂宁市射洪县）人，唐代诗人，初唐诗文革新人物之一。因曾任右拾遗，后世称“陈拾遗”。其诗风骨峥嵘，寓意深远，苍劲有力。其中最有代表性的诗作有组诗《感遇》38首、《蓟丘览古》7首和《登幽州台歌》等。

明月隐高树，长河没晓天

春夜别友人（其一）

唐・陈子昂

银烛吐青烟，金樽对绮筵。
离堂思琴瑟，别路绕山川。
明月隐高树，长河没晓天。
悠悠洛阳道，此会在何年。

注释

银烛：蜡烛。

金樽：精美的酒杯。

绮筵：华丽丰盛的筵席。
长河：银河。
晓天：刚刚拂晓的天色。
会：相会。

简析

“银烛吐青烟，金樽对绮筵”，开篇写离别的筵席上，烛火分明，青烟袅袅，诗人与好友把酒言欢，尽诉离别。“离堂思琴瑟”，诗人虽然身在大堂，但已经开始想念家乡的曲调。“别路绕山川”，想到前往洛阳的路途是那么崎岖遥远，诗人的心中更加哀愁。“明月隐高树，长河没晓天”，此联转写临别之际的室外景致，明月被树枝遮住了，银河也消失在破晓的曙光之中。“悠悠洛阳道，此会在何年”，想到此去经年，路遥人远，诗人今后不知何时才能与好友重聚，离别的感伤油然而生。以问作结，更加突出了诗人对友人的依依不舍之情。

背景

此诗是一首情深意长的送别诗，为唐代诗人陈子昂在离乡前的宴会上所作。

名家点评

〔清〕王夫之：雄大中饶有幽细，无此则一笨伯。结宁弱而不滥，风范固存。(《唐诗评选》)

张九龄

张九龄（678—740），字子寿，韶州曲江（今广东韶关）人，世称“张曲江”或“文献公”，是唐代有名的贤相。张九龄擅长五言古体诗的创作，风格清淡，语言素练质朴，在扫除齐梁绮靡诗风的过程中发挥了极为重要的作用。代表诗作有《感遇》12首、《望月怀远》等。

遥夜人何在，澄潭月里行

西江夜行

唐·张九龄

遥夜人何在，澄潭月里行。
悠悠天宇旷，切切故乡情。
外物寂无扰，中流澹自清。
念归林叶换，愁坐露华生。
犹有汀洲鹤，宵分乍一鸣。

注释

西江：珠江干流，大致流经今广西、广东境内。

澄潭：澄澈干净的水潭，此处指江水。

切切：形容程度深切。

澹：水波纡缓的样子。

露华：露水。

汀洲：水中的小洲。

宵分：夜半时分。

简析

“遥夜人何在，澄潭月里行”，全诗开篇就营造出月下行船的美感，长夜漫漫，宁静清澈的水潭里，映出了月亮的倒影，而行人乘坐小船，就像是在月里行进，清雅别致。

“悠悠天宇旷，切切故乡情”，西江流经诗人的故乡，诗人抬头看到空旷开阔的天空，内心对故乡的依恋更加深厚。

“外物寂无扰，中流澹自清”，此句看似写景，实则抒发诗人胸臆。《庄子》言“外物不可必”，要把外物从心中剔除出去。而在诗人纯净淡然的心境里，外物都是寂然不扰的，像是水流中间的部分，始终坚持着自己的方向，洁身自好，不与众流合污。诗人借此表达自己的信念：坚守原则、淡然处之。

“念归林叶换，愁坐露华生”，继而情景交融，时时盼望归乡，但终究难以成行。时事繁杂，以至于经常愁闷久坐，直至夜晚露水深重。

“犹有汀洲鹤，宵分乍一鸣”，夜半时分，在一片静谧的氛围里，偶有清脆的鹤鸣声，打破寂静的夜色，意境幽远，值得回味。

背景

这是一首月夜独行的思乡诗。此诗当作于开元十八年（730）秋诗人赴桂州任后。次年春，张九龄由西江返回家中。

名家点评

〔明〕钟惺、谭元春：钟云：情深。(《唐诗归》)

孟浩然

孟浩然（689—740），名浩，字浩然，因祖籍为襄州襄阳（今湖北襄樊）而世称“孟襄阳”，与王维合称“王孟”。其诗歌题材多以山水田园、隐居逸兴及羁旅行役为主，以五言短篇居多，风格冲淡自然，是唐代“山水派”诗人的杰出代表。

野旷天低树，江清月近人

宿建德江

唐·孟浩然

移舟泊烟渚，日暮客愁新。
野旷天低树，江清月近人。

注释

建德江：指新安江流经建德西部的一段。

移舟：移动小舟，诗中指划动客船。

烟渚：渚为水中陆地，烟渚即水雾萦绕的小沙洲。

简析

“移舟泊烟渚”，首句写诗人乘坐的小船停靠在小沙洲边，沙洲畔水雾朦胧，萦绕不去，营造出迷离的氛围。“日暮客愁新”，时间已至傍晚日暮时分，诗人作为羁旅之客不免产生愁绪，一个“新”字展现漂泊在外，诗人内心之“愁”日复一日，每天都在新生愁思。

“野旷天低树”，从船上眺望远处，逐渐暗沉的天色下，原野空旷辽阔，一片荒凉。天色暗淡，天幕仿佛快要低垂至地面，与原野上的树连在一起，烘托出低沉的气氛。“江清月近人”，笔锋一转，江水清透，月亮低悬，像是在与诗人亲近。一个旅人，一轮孤月，在暗淡的夜色下寂然无言、相互陪伴。诗人寓情于景，内心的轻愁与天上的孤月融合在一起，展现出悠远动人的意境。

背景

孟浩然于唐玄宗开元十八年（730）离乡赴洛阳，再漫游吴越，借以排遣仕途失意的悲愤。此诗当作于诗人漫游吴越之时。

名家点评

〔清〕沈德潜：下半写景，而客愁自见。（《唐诗别裁》）

〔清〕张谦宜：“低”字、“近”字，宋人所谓诗眼，却无造作痕，此唐诗之妙也。（《䌹斋诗谈》）

〔清〕黄叔灿：“野旷”一联，人但赏其写景之妙，不知其即景而言旅情，有诗外味。（《唐诗笺注》）

风鸣两岸叶，月照一孤舟

宿桐庐江寄广陵旧游

唐·孟浩然

山暝听猿愁，沧江急夜流。
风鸣两岸叶，月照一孤舟。
建德非吾土，维扬忆旧游。
还将两行泪，遥寄海西头。

注释

桐庐江：指钱塘江流经桐庐的一段。

广陵：地名，今江苏省扬州市。

旧游：旧日交游的好友。

山暝：山间的黄昏。

沧江：江水，以江水呈苍青色得名。

建德：地名，与桐庐相邻。

维扬：扬州的别称。

海西头：指扬州。因古扬州东临大海，故称海西头。

简析

傍晚时分，诗人乘船停靠在桐庐江沿岸。“山暝听猿愁，沧江急夜流”，山间的黄昏幽深冷寂，听到凄厉的猿啼，像是猿猴在呼喊自己的哀愁，青色的江水湍急汹涌，在夜间也奔流不止。

“风鸣两岸叶，月照一孤舟”，风吹过岸边，树叶沙沙作响，像是叶子在低鸣；月光洒在江面上，深沉的夜色里一只小船独自在游荡，更显寂寥和冷清。

诗人远离家乡，“建德非吾土，维扬忆旧游”，离乡之苦、友人之隔，都在今夜汇集一处。“还将两行泪，遥寄海西头”，诗人寄出此信，实际上是将双眼之泪寄回故乡，表达含蓄，但更衬情之深重。

背景

此诗为孟浩然仕途不顺，辗转路过建德时所作，诗人在桐庐江的景致中寄托了自己的愁思，以及羁旅在外的思乡之情。

名家点评

〔宋〕刘辰翁：“一孤”似病，天趣自得。大有洗练，非率尔得者。(《王孟诗评》)

〔清〕沈德潜：孟公诗高于起调，故清而不寒。(《唐诗别裁》)

绪风初减热，新月始临秋

他乡七夕

唐 · 孟浩然

他乡逢七夕，旅馆益羁愁。
不见穿针妇，空怀故国楼。
绪风初减热，新月始临秋。
谁忍窥河汉，迢迢问斗牛。

注释

穿针妇：“穿针”为七夕节民间风俗，妇女以彩线穿针乞巧，因此称为“穿针妇”。

绪风：秋风。

河汉：银河。

迢迢：形容遥远漫长。

斗牛：指二十八星宿中的斗宿和牛宿，诗中代指牛郎和织女。

简析

“他乡逢七夕，旅馆益羁愁”，诗人身居他乡异地时，正值七夕节日，七夕热闹非凡，妇女精心装扮，街上张灯结彩。在这样欢乐的氛围中，诗人却孤身在旅馆思念故乡，“益”字更显愁意深重。

“不见穿针妇，空怀故国楼”，诗人推测家乡的妻子在今日也必是穿针乞巧，但是离开家乡的诗人却无缘相见，难以相聚团圆。故乡的楼宇亭阁在诗人脑海中是那么分明和熟悉，但是也只能在心中回味怀念。

“绪风初减热，新月始临秋”，七夕已是秋日，秋季的凉风阵阵，消减了夏日的苦热和烦闷，一轮新月升上天空，营造出秋日清冷孤寂的氛围。

“谁忍窥河汉，迢迢问斗牛”，“谁忍”明写天上牛郎、织女的相思，实则寄托诗人对妻子的思念。银河长阔遥远，牛郎织女分隔两地，却还是忍不住时时窥探。诗人与妻子也是身处两地，羁旅之愁、故乡之思历历浮现，真切动人。

背景

此诗为孟浩然客居他乡时所作，时值七夕，团圆的氛围让诗人倍感凄楚，诗人遥想家乡的妻子，抒发了对故乡和亲人深切的思念。

坐看今夜关山月，思杀边城游侠儿

凉州词（其二）

唐·孟浩然

异方之乐令人悲，羌笛胡笳不用吹。
坐看今夜关山月，思杀边城游侠儿。

注释

异方：异族所居的地方，指边关以外的地区。

羌笛：乐器，乐声婉转。

胡笳：乐器，乐声深沉浑厚。

坐：因为。

关山：古称陇山，在今陕甘宁境内。

杀：煞，形容极致。

游侠儿：指勇武不惧生死之人。

简析

“异方之乐令人悲，羌笛胡笳不用吹”，诗句开篇以声动人，边关将士们远离家乡，身处外族所居的区域，此处常见的乐器都是羌笛、胡笳，所奏也多是异族的乐曲，每每听到陌生的曲调响起，格外悲伤。“不用吹”，将将士们内心的忧愁更加深化，本已思乡深重，这样的羌笛、胡笳声又如何受得了呢？

“坐看今夜关山月”，关山是边防的要塞，大批士兵离乡戍守于此地，今夜月明，月亮象征着团圆，士兵们看到关山上升起的月亮，更加思念家乡。

“思杀边城游侠儿”，“思杀”一词，表示着将士们的情感积攒到了极致。“游侠儿”虽然勇敢重义、视死如归，但是侠骨中仍有亲情无法割舍。一方面是战场奋勇杀敌、英姿勃发的战士，另一方面也是孤身看月、思念家乡的游子，两种形象交织在一起，更加真实逼真。诗人从细微处写起，全诗情感层层递进，语言朴实，情意深重。

背景

此诗为孟浩然所作的边塞组诗《凉州词》中的第二首，表达了边关将士对家乡的深切思念。

名家点评

〔宋〕胡仔:《王直方诗话》云：山谷曾谓亲曰：作诗使史汉间全语为有气骨。后因读浩然诗，见以一日长、异方之乐令人悲及吾亦从此逝，方悟山谷之言。(《苕溪渔隐丛话·前集》)

鹿门月照开烟树，忽到庞公栖隐处

夜归鹿门山歌

唐 · 孟浩然

山寺钟鸣昼已昏，渔梁渡头争渡喧。
人随沙岸向江村，余亦乘舟归鹿门。
鹿门月照开烟树，忽到庞公栖隐处。
岩扉松径长寂寥，惟有幽人自来去。

注释

鹿门山：山名，在今湖北襄阳市境内。

渔梁：洲名，在湖北襄阳城外汉水中。

烟树：烟雾笼罩的树木。

庞公：东汉末年的隐士庞德公，隐入鹿门山中，终身不仕。

岩扉：指山岩相对如门。

幽人：幽居的隐士，代指诗人自己。

简析

“山寺钟鸣昼已昏，渔梁渡头争渡喧”，开篇两句写诗人傍晚江行的见闻。夕阳已沉，幽僻的古寺传过来了钟声，而渔船码头聚集的地方人声喧闹，山中的清净与人间的烟火气息形成强烈的对比。

“人随沙岸向江村，余亦乘舟归鹿门”，行人沿着河堤回到各自的村落，诗人也要乘船前往鹿门山了。“鹿门月照开烟树，忽到庞公栖隐处”，从人间走入山林，鹿门山沐浴在静谧的月光之中，烟雾朦胧之间隐约可以看到树影，这就是当年庞德公一心归隐的地方。

“岩扉松径长寂寥，惟有幽人自来去”，山间的岩洞和松树下的小路看起来十分冷清，人迹罕至，但诗人并不寂寞，而是一派怡然自乐的情状。诗人自比为“幽人”，在山间来去自在，快活潇洒，展现了归隐之后的超脱和淡然。

背景

此诗为孟浩然隐居鹿门时的名作。诗人夜归鹿门，路过庞公归隐的遗迹，写下此诗以抒发超然俗世、归隐山林的人生情怀。

名家点评

〔明〕吴敬夫：“幽”之一字，非孟襄阳其谁与？然篇不多见，即此五十六字，亦足当诸家千百言。(《唐诗归折衷》)

〔清〕吴瑞荣：韵事佳题，词不烦而意有余，更妙在“庞公”不多铺张。(《唐诗笺要》)

〔清〕张谦宜：句句下韵，紧调也。脉却舒徐。(《絸斋诗谈》)

王昌龄

王昌龄（698—757），字少伯，河东晋阳（今山西太原）人，又一说京兆长安人（今西安）人，盛唐著名边塞诗人。其诗以七绝见长，尤以登第之前赴西北边塞所作边塞诗最著，情景妙合，意与境浑，有“诗家夫子王江宁”之誉，又被后人誉为“七绝圣手”。

更吹羌笛关山月，无那金闺万里愁

从军行（其一）

唐 · 王昌龄

烽火城西百尺楼，黄昏独上海风秋。
更吹羌笛关山月，无那金闺万里愁。

注释

烽火：古时发生战争时，在台上点燃干柴或草苇示警，称为“烽火”。

海风：即青海湖吹来的风。

羌笛：羌族乐器，乐声高亢悲凉。

关山月：为乐府旧曲，诉离别之情。

无那：无奈。

金闺：华丽的女子闺房。

简析

“烽火城西百尺楼”，诗句开篇言战争兴起，城西瞭望的高台上燃起了烽火，象征着外敌的入侵和战争的开始。“黄昏独上海风秋”，夕阳西下，戍守边关的士兵登上高台，从青海湖吹来微咸的风，思亲之情随着瑟瑟秋风任意翻腾。“更吹羌笛关山月”，用羌笛吹响关山月的旧曲，笛声呜咽，更加深了思乡之情。“无那金闺万里愁”，身处闺阁的女子牵挂着万里之外的亲人，“更吹”渲染情感之浓烈，而“无那”的转折则使这份离愁显得更加深切动人。边塞苍凉的氛围中蕴含着边关士兵真切的思乡之情，以异地闺阁的思念相衬，情意深长，留有余味。

背景

诗人王昌龄借乐府旧题《从军行》，通过对边塞、金闺两个地点的刻画，表达了边塞军士对家乡和亲人的思念。

名家点评

〔清〕陆时雍：因边城闻笛而代为金闺之愁耳。言己之愁已不堪，而闺中之愁更将奈何？(《唐诗镜》)

〔清〕李瑛：不言己之思家，而但言无以慰闺中思己，正深于思家也。(《诗法易简录》)

高楼送客不能醉，寂寂寒江明月心

芙蓉楼送辛渐二首（其二）

唐·王昌龄

丹阳城南秋海阴，丹阳城北楚云深。
高楼送客不能醉，寂寂寒江明月心。

注释

芙蓉楼：南方名胜，在今江苏镇江。

辛渐：诗人的好友。

丹阳：地名，在今江苏镇江。

楚云：湖南及镇江皆旧属楚地，楚云即楚地之云。

寂寂：无声的样子。

简析

“丹阳城南秋海阴”，开篇写送别之景，诗人与好友在高楼话别，远远望去丹阳城的南边丛云密布，秋雨未落，乌云像海潮般聚集翻涌，有深沉壮阔之感。“丹阳城北楚云深”，转头望向城北，楚地的上空云深雾重，迷离朦胧，亦是写阴云天色，通过云之深沉，烘托出压抑哀伤的气氛。在阴沉的天气里送别，诗人与好友的心情更添几分忧伤。

“高楼送客不能醉”，登楼远望，依依惜别之际，诗人与好友借酒消愁，希望在酒中减去一些哀伤。虽是筵席，但诗人太落寞了，以致席间全无欢乐的场面，而是欲醉不能，将别离之伤写得更加情意深重。“寂寂寒江明月心”，尾句寓情于景，秋季的萧瑟里寒江无声奔流，而诗人对友人的情谊也是不言自明，像是皎洁的明月一般，澄澈高洁。在诗人的描述中，情、景达到了完美的融合，情感真挚动人。

背景

此诗为王昌龄《芙蓉楼送辛渐》两首组诗中的一首，为诗人被贬江宁后，送别友人所作。

名家点评

〔清〕王士禛：唐人多送别妙作。少伯诸送别诗，俱情极深，味极永，调极高，悠悠不尽，使人无限留连。(《唐人万首绝句选》)

王 维

王维（约701—约761），字摩诘，号摩诘居士，世称“王右丞”，河东蒲州（今山西永济）人，是唐代著名的山水派诗人和画家。王维参禅悟理，学庄信道，精通诗、书、画、乐等，以诗名盛于开元、天宝间，尤长五言，多咏山水田园，与孟浩然合称“王孟”，并有“诗佛”之称。其诗清新淡远、自然脱俗，苏轼评曰：“味摩诘之诗，诗中有画；观摩诘之画，画中有诗。”

深林人不知，明月来相照

竹里馆

唐·王维

独坐幽篁里，弹琴复长啸。
深林人不知，明月来相照。

注释

竹里馆：在辋川境内，因遍植竹林而闻名。
幽篁：篁指竹林，幽篁指幽深的竹林。
长啸：嘬口发出长而清脆的声音。

简析

王维有“诗佛”之誉，此诗为诗人安隐之作。

“独坐幽篁里”，开篇既言人，又言景，“独”字体现出诗人在幽深竹林中的状态，是孤独而清绝的。在竹林中独坐，诗人“弹琴复长啸”，又是弹琴，又是长啸，“复”字照应前句“独”字，不露声色，将诗人所处环境的孤寂表现得淋漓尽致。

“深林人不知”，与前句相应，在这幽深静谧的竹林之中，除了诗人的声音，别无他人。而末句“明月来相照”笔锋一转，虽然无人相陪，但隐居中有明月做伴，彰显雅趣。诗中未直言写情，但在景色的描述中，幽静的竹林，空灵的明月，以及长啸抚琴的诗人自己，浑然天成，自有神韵。既有“外物不可必”的老庄隐士情怀，也体现出“忘物”的禅意。

背景

此诗是王维晚年隐居辋川时创作的一首名作，表达了诗人安然淡泊的心灵追求。

名家点评

〔明〕顾璘：一时清兴，适与景会。(《王孟诗评》)

〔清〕黄叔灿：《辋川》诸诗，皆妙绝天成，不涉色相。止录二首（指《鹿柴》及此诗），尤为色籁俱清，读之肺腑若洗。(《唐诗笺注》)

月出惊山鸟，时鸣春涧中

鸟鸣涧

唐 · 王维

人闲桂花落，夜静春山空。
月出惊山鸟，时鸣春涧中。

注释

春山：春日之山。

山鸟：山中之鸟。

时鸣：时指偶尔，时鸣即鸟儿偶尔啼鸣。

春涧：春日的山涧。

简析

“人闲桂花落，夜静春山空”，此诗开篇写静，通过景之静衬托出人之静。“人闲”即诗人悠闲，悠闲地看着桂花细碎的花瓣飘零落地，但“花落”毫无忧伤气息，反而体现出诗人悠闲的状态。至夜晚，山中静谧无声。虽值春日，外头春意繁华，但山中依然是空旷安静的。安静的景象中，诗人安定的心境也显露出来。

“月出惊山鸟，时鸣春涧中”则写动景，月亮升起本是缓慢的，但明朗的月光照映，竟然惊起了山中休息的飞鸟，足见月光之明亮，也使山间月亮有了动感。鸟儿各自飞起落下，偶尔一两声清脆的鸣叫在山涧中响起，山涧仿佛也有了生命力。“春山”“春涧”，美丽而富有生命力的春日画卷徐徐展开，作者以动衬静，更显山中时日的平和幽静。山中虽空，却不孤寂，有升起之月，有啼鸣之鸟，可见作者心中细腻的情思和安逸的追求。

背景

此诗为王维青年时期游历时的名作，为组诗《皇甫岳云溪杂题五首》中的第一首，描绘出了生机盎然的春日景象。

名家点评

〔清〕黄叔灿：闲事闲情，妙以闲人领此闲趣。(《唐诗笺注》)

〔清〕沈德潜：诸咏声息臭味，迥出常格之外，任后人模仿不到，其故难知。(《唐诗别裁》)

明月松间照，清泉石上流

山居秋暝

唐·王维

空山新雨后，天气晚来秋。
明月松间照，清泉石上流。
竹喧归浣女，莲动下渔舟。
随意春芳歇，王孙自可留。

注释

暝：天色将晚的时候。

空山：形容山之幽静。

竹喧：从竹林中传来的喧笑声。

浣女：洗衣的女子。

随意：任凭。

歇：凋谢，消失。

王孙：贵族子弟，这里指诗人自己。

简析

这是一首脍炙人口的山水诗，诗歌描绘了秋天傍晚山中幽美景色及恬静的生活情趣。

“空山新雨后，天气晚来秋”，这两句紧扣题意，写一场秋雨过后，万物为之一新，山间显得更加幽静。“明月松间照，清泉石上流”，写山间夜晚的景色。雨后月出，光辉照耀松林之间；石上泉流，似乐声一般美妙。诗人写景如画，随意洒脱，毫不着力。“竹喧归浣女，莲动下渔舟”，由景及人，景人合一。“竹喧”一句，未见其人，先闻其声，少女的欢声笑语给空山增添了生机。“莲动”一句，荷叶向两边披拂，渔舟顺流而下，亦以荷动舟行反衬山间之幽静。“随意春芳歇，王孙自可留”，由写景转入抒情，诗人反用《楚辞·招隐士》的典故，以一个“留”字呼应开篇，表达隐居空山的愿望。

背景

这首诗是王维隐居终南山下辋川别业时所作，表现了诗人对山居生活的喜爱和对高洁理想境界的追求。

名家点评

〔清〕章燮：此诗所谓不着一字，尽得风流者，最为难学。后生不知其难，往往妄步，遂成浅俗。(《唐诗三百首注疏》)

〔清〕吴乔：右丞之“明月松间照，清泉石上流”，极是天真大雅。(《围炉诗话》)

〔清〕张谦宜：“空山”两句，起法高洁，带得通篇俱好。(《絸斋诗谈》)

松风吹解带，山月照弹琴

酬张少府

唐·王维

晚年唯好静，万事不关心。
自顾无长策，空知返旧林。
松风吹解带，山月照弹琴。
君问穷通理，渔歌入浦深。

注释

酬：酬答，指作诗回应。

张少府：诗人好友张九龄，少府为其官职。

长策：长久有效的策略、谋划。

解带：解开衣带。

穷通：穷困和亨通。

入浦：诗中指歌声传入渔浦。

简析

“晚年唯好静，万事不关心”，诗人首句直抒胸臆，传达出不愿俗事缠身，渴望自由宁静的精神追求。“自顾无长策，空知返旧林”，诗人回想前半生的仕途，常常怀才不遇，未有显赫功绩，谦称没有治国良策，内心只向往山居生活。

“松风吹解带，山月照弹琴”，山林之中静谧幽深，从松林吹来的微风散开了诗人的衣带，山间朗月照亮了诗人弹琴的身影，诗人的内心与自然风光极为契和，颇有自在潇洒的隐士姿态。“君问穷通理”，好友问及世上穷困亨达的规律，诗人答以“渔歌入浦深”，俗人追求的穷困亨达都是俗世一尘，诗人情愿做个江边放歌的渔翁，快意闲适，何必困于俗世，苟且一生？诗人以隐逸为求，展现出不恋名利、清高自洁的人生态度。

背景

此诗为唐代诗人王维与友人张九龄的酬和诗作，描述了隐居生活的安逸和闲适，表达出诗人不求名利、向往山林的追求和志趣。

名家点评

〔清〕焦袁熹：“自顾无长策，空知返旧林”，无一毫作伪，无一毫诡秘。(《此木轩论诗汇编》)

〔清〕沈德潜：王右丞“君问穷通理，渔歌入浦深”，从“解带”“弹琴”宕出远神也。结意以不答答之。(《唐诗别裁》)

李　白

李白（701—762），字太白，号青莲居士，祖籍陇西成纪（今甘肃天水），是唐代最伟大的诗人之一，被后人誉为“诗仙”。李白生活在盛唐时期，他性格豪迈，游踪遍及南北各地，写出大量赞美名山大川的壮丽诗篇。李白的诗作，以乐府、歌行及绝句成就为最高。其歌行，完全打破诗歌创作的一切固有格式，空无依傍，笔法多端，达到了变幻莫测、摇曳多姿的神奇境界；其绝句自然明快，能以简洁明快的语言表达出无尽的情思。其诗风，既豪迈奔放，又清新飘逸，而且想象丰富，意境奇妙。

举头望明月，低头思故乡

静夜思

唐・李白

床前明月光，疑是地上霜。
举头望明月，低头思故乡。

注释

地上霜：地面上的白色霜晶。

举头：抬头。

简析

此为诗人李白家喻户晓的名作，诗人用生动的比喻描述了月景，表达了对家乡的思念之情。

开篇写景，“床前明月光”，安静的夜晚，月光静静地洒在床前，诗人看到白月光铺洒在地面，“疑是地上霜”，还以为是地上结起了白色的霜晶。月光像白霜一样，洁白无瑕，晶莹炫目。可见诗人虽为青年，想象却如孩童般单纯直接。

这样单纯自然的美丽吸引了诗人去观赏。诗人抬头望向天空，“举头望明月”，终于看到了明亮的月亮。月色如洗，夜风微凉，四周一片安静，在这静静的月色里，诗人的心绪却透过月亮到达了远方的家乡。

“低头思故乡”，“举头”“低头”之间，诗人的动作跃然纸上，仿佛能听到诗人低头的轻叹，其思乡的淡淡忧郁也萦绕其间。末一句点题，点出静夜之所思究竟为何事，虽无华美辞藻堆砌，却有余味在心头，将诗人自然率真的心境淋漓尽致地表现了出来。

背景

本诗为李白青年时期在扬州旅舍所作。诗人离开家乡，在异乡看到明月，对家乡的思念涌上心头，遂作此诗。

名家点评

〔清〕黄叔灿：即景即情，忽离忽合，极质直却自情至。(《唐诗笺注》)

明月出天山，苍茫云海间

关山月

唐·李白

明月出天山，苍茫云海间。
长风几万里，吹度玉门关。
汉下白登道，胡窥青海湾。
由来征战地，不见有人还。
戍客望边色，思归多苦颜。
高楼当此夜，叹息未应闲。

注释

关山月：乐府旧题，多抒离别哀伤之情。

天山：山脉大致覆盖今新疆、甘肃等地。

玉门关：故址在今甘肃敦煌西北。

白登：今山西大同东有白登山。汉高祖刘邦曾在白登被匈奴围困。

青海湾：即青海湖，在今青海省内。

戍客：指戍边士兵。

高楼：代指在高楼倚盼亲人的士兵亲眷。

简析

本诗开篇写边塞之景。“明月出天山，苍茫云海间。长风几万里，吹度玉门关。”月悬高空，云生雾绕，风吹过玉门关之地，边关景色显得苍凉空旷。

“汉下白登道，胡窥青海湾”，强调此处为边关要塞，战火从来没有真正停息过。“由来征战地，不见有人还”，朝廷与西域的战火不熄，代价是边关士兵埋骨他乡。

戍守边关的军士“思归多苦颜”，思乡之情深重，而远在家乡的亲人，“高楼当此夜，叹息未应闲”，夜晚每每叹息不止，情感悲切。

全诗语言直白精练，通过战士与亲人的苦闷，传达出对边关屡起战火的不满。

背景

此诗为李白所作，吟咏了边关将士的寒苦及亲眷的思念，表达了对边关战事不息的慨叹。

名家点评

〔明〕胡应麟：青莲“明月出天山，苍茫云海间。长风几万里，吹度玉门关”，浑雄之中，多少闲雅！（《诗薮》）

长安一片月，万户捣衣声

子夜吴歌·秋歌

唐·李白

长安一片月，万户捣衣声。
秋风吹不尽，总是玉关情。
何日平胡虏，良人罢远征。

注释

子夜吴歌：六朝乐府吴声歌曲，诗人借用为题。

长安：今陕西西安。

捣衣：古时洗衣需将衣服放在砧石上用棒槌击打。

玉关：玉门关，边关要塞。

胡虏：对边塞外敌的泛称。

良人：丈夫的别称。

简析

此诗为诗人咏伤时事之作，借闺阁妇人思念丈夫，传达出期盼战争早日停止的愿望。

“长安一片月，万户捣衣声”，开篇写长安之事，月光映照着长安城，千家万户异常忙碌，捣衣声连成一片，声、画合一，由捣衣引出思妇。“秋风吹不尽，总是玉关情”，妇人一边洗衣，一边思念在玉门关戍守的丈夫。秋风含情，年年日日吹在长安，也吹在远方的边塞，情调婉转缠绵。“何日平胡虏，良人罢远征”，末句点题，妇人心中期望早日打败外敌，良人能从边关回家团聚。诗人通过一位闺阁思妇的心思，展现出千家万户渴望战争停息的心愿，质朴真切，回味悠长。

背景

此诗为李白所写组诗《子夜吴歌》中的第三首。《子夜吴歌》以四季为挈领，构思巧妙，结构严谨。此诗表达了闺阁妇人对边关亲人的思念，以及对战争平息的渴望。

名家点评

〔清〕王夫之：前四句是天壤间生成好句，被太白拾得。(《唐诗评选》)

〔清〕沈德潜：诗贵寄意，有言在此而意在彼者，李太白《子夜吴歌》本关情语，而乎冀罢征。(《说诗晬语》)

赧郎明月夜，歌曲动寒川

秋浦歌十七首（其十四）

唐·李白

炉火照天地，红星乱紫烟。
赧郎明月夜，歌曲动寒川。

注释

秋浦：地名，唐代有秋浦郡，在今安徽池州。

红星：指红色的火星。

紫烟：紫色烟雾，指冶炼产生的烟。

赧郎：赧意为红色，赧郎指脸庞熏成红色的冶炼工人。

寒川：寒冷的河水。

简析

秋浦为唐代重要的矿产地之一，据《新唐书·地理志》载："池州秋浦有铜有银"，可见矿产之丰富。由此秋浦一地多开采、冶炼矿石工人聚集，诗人即是目睹工人冶炼场景，写下此首赞颂之作。

“炉火照天地，红星乱紫烟”，本诗前两句写冶炼情状。诗人采用夸张手法，炉火映射下，天地仿佛都被照亮，可见火焰之旺、炼炉之大、声势之壮，开篇即奠定了豪迈壮丽的基调。“红星乱紫烟”，细写炼炉之内情景，熊熊烈火中火星飞溅，震乱了烟雾升起的方向。诗人以画入诗，在对细节的描摹中，冶炼的画卷正徐徐展开。

“赧郎明月夜，歌曲动寒川”，本诗后两句是对冶炼工人的褒美。在火焰高温的作用下，工人的脸庞被热力蒸腾出红色，诗人用“赧郎”一词，生动刻画出了工人的模样。“赧”与“明月”相对，画面色彩丰富，燃烧的炉火边，皎洁的月光照射着红色面庞，画面感极强，色彩对比也更加强烈。“歌曲动寒川”，工人们一边搅动炉火，一边放声歌唱，粗犷的豪情在此间奔涌，甚至震动了寒冷的河水，河水几乎要在喊唱声中沸腾。诗人笔力精到，将寒夜工人冶炼矿石的场景描绘得激情勃发，充满了力量美与豪情。

背景

此诗为李白所作的秋浦歌组诗中的一首，为诗人在秋浦时所作，立意新颖特别，描述了冶炼工人的工作情状，展现了冶炼工人豪迈激情的风貌。

闲坐夜明月，幽人弹素琴

月夜听卢子顺弹琴

唐·李白

闲坐夜明月，幽人弹素琴。
忽闻悲风调，宛若寒松吟。
白雪乱纤手，绿水清虚心。
钟期久已没，世上无知音。

注释

卢子顺：诗人友人，一位隐士。

幽人：幽居隐逸之人。

素琴：装饰素雅的琴。

悲风：曲名，又称《悲风操》。

白雪：曲名，相传为春秋时期的师旷所作。

绿水：曲名，又称渌水，李白亦有诗作。

钟期：指春秋时人钟子期，伯牙鼓琴而歌，钟子期是其知音。后钟子期去世，伯牙摔琴，表示世上再无知音，此生不再弹琴。后常以伯牙子期代指知音和友情。

简析

“闲坐夜明月，幽人弹素琴”，诗人运用铺叙的手法，描绘了一幅夜里闲坐、明月当空、静听幽人弹琴的落寞景致。“忽闻悲风调，宛若寒松吟”，写幽人琴艺高超，演奏《悲风》一曲时，好似忽然间悲风袭来，又像是山间的寒松在狂风中哀鸣，描写生动逼真。“白雪乱纤手，绿水清虚心”，言演奏《白雪》时，手指翻飞，“乱”点明琴弦拨动之快，“纤手”则展现手之美。演奏《绿水》时，曲调清幽沉静，声、景、心境合一，呈现出人琴交融的美感。“钟期久已没，世上无知音”，钟子期是多么难得，诗人在世上久无知音，满腔情怀无人可说，只能借琴声抒发一二，孤寂的心境显露无遗。

背景

诗人李白在一个静谧的月夜听到卢子顺弹琴，在悠扬婉转的琴声里，诗人的思绪也随之起伏。此诗赞颂了卢子顺高超的琴艺，也传达出诗人无人倾诉、渴望知音的寂寥。

举手可近月，前行若无山

登太白峰

唐·李白

西上太白峰，夕阳穷登攀。
太白与我语，为我开天关。
愿乘泠风去，直出浮云间。
举手可近月，前行若无山。
一别武功去，何时复见还。

注释

太白峰：山名，在今陕西境内。相传太白星（金星）曾落于此山，因而得名。

天关：指天门，传说由此可进入天界。

泠风：指轻飘的风。

武功：山名，与太白山邻近。

简析

“西上太白峰，夕阳穷登攀”，开篇写诗人在日暮余光中奋力攀登太白峰，不仅显现出了山之巍峨，还表现出诗人不畏艰险、奋发向上的精神。

“太白与我语，为我开天关”，到达山顶，云雾萦绕像是仙境一般，诗人精神清爽振奋，幻想太白仙人会从天上降下，与自己谈笑风生，打开天界的大门。缥缈的环境里，诗人的想象力畅游在天地之间，身体也仿佛轻盈飘荡起来。

“愿乘泠风去，直出浮云间”，俗世红尘纷扰，诗人只愿随风而去，游荡在这浩荡的天空，劲风一吹，还可穿过丛云，其中的潇洒快意不可与俗人道。“举手可近月，前行若无山”，诗人站在山顶，山之高阔令人惊异，抬手之间似乎就可碰到月亮，从这里前行，视野内看不到其他山的阻碍，像是周围无山了一样。

“一别武功去，何时复见还”，但是游赏美景终有尽头，流连之际诗人不禁感慨何日再见，诗人奔放豪迈、向往自由之心一览无余。

背景

此诗为李白游览太白峰时所作。诗人游览太白峰时，神思畅然缥缈，传达出渴望超脱俗世、逍遥自在的情怀。

落帽醉山月，空歌怀友生

九日

唐 · 李白

今日云景好，水绿秋山明。
携壶酌流霞，搴菊泛寒荣。
地远松石古，风扬弦管清。
窥觞照欢颜，独笑还自倾。
落帽醉山月，空歌怀友生。

注释

流霞：传说天上神仙的饮料，常代指美酒。

搴菊：以手折菊。

寒荣：寒天开放的花。

弦管：泛指乐器和乐声。

窥觞：觞为古代的酒杯，“窥觞”指看见杯子里的倒影。

自倾：自己倾倒，形容心中欢乐。

落帽：古书中有“孟嘉落帽”典故，形容风流倜傥、豪爽潇洒的名士姿态。

友生：友人。

简析

“今日云景好，水绿秋山明”，开篇写重阳佳节天朗云清，绿水青山相映成趣，可见诗人心情愉悦。“携壶酌流霞，搴菊泛寒荣”，诗人登高赏菊，畅饮美酒，酒壶中装的是堪比仙境的佳酿，采下的菊花馨香扑鼻，散发着秋日气息。“地远松石古”，高山深林之间，松树、山石姿态奇绝，颇有古朴意蕴。“风扬弦管清”，丝竹声随风传入诗人耳中，乐声清朗动听。

“窥觞照欢颜”，低头笑看酒杯中的倒影，映照出诗人愉悦的笑颜，见到酒杯中的自己，诗人不禁开怀大笑，几乎倾倒。虽然是“独笑”，但诗人并非孤寂落寞地自怜，而是怡然自乐、兴致勃勃。

“落帽醉山月，空歌怀友生”，尾句引用典故，山月升起，诗人像魏晋名士一样醉倒在山林之间，帽子落下，高声吟唱。诗人怀念友人，仪容不整却自有风流，展现出自由不羁的心境。

背景

此诗为诗人李白晚年在当涂所作，诗人在重阳节之际登高赏菊，表达了豁达自乐的人生情怀。

醉月频中圣，迷花不事君

赠孟浩然

唐·李白

吾爱孟夫子，风流天下闻。
红颜弃轩冕，白首卧松云。
醉月频中圣，迷花不事君。
高山安可仰，徒此揖清芬。

注释

孟夫子：指孟浩然，因孟浩然年长诗人十余岁，故敬称为夫子。

轩冕：古时官员的车乘和冕服，常代指官位爵禄。

中圣：出自徐邈醉酒典故，史载魏初禁酒，徐邈醉饮说出“中圣人”之语，诗中引此典故，代指酒醉。

高山：《诗经·小雅》中有“高山仰止，景行行止”，后人常以高山代指品德高尚之人。

清芬：清香的味道，指清高的德行。

简析

“吾爱孟夫子，风流天下闻”，诗人开篇直抒胸臆，表达对孟浩然的敬慕，写其风流名士的情怀传遍天下。“红颜弃轩冕，白首卧松云”，此两句对仗工整，描述孟浩然年轻时不爱名利，弃仕归隐，白发苍苍之时在松林云间睡卧，一派闲适安逸情状。

“醉月频中圣，迷花不事君”，对月饮酒，频频畅饮到像古人一样酣醉，流连花间，不愿屈身事君换取名利，宁愿归隐山林，与自然为伍。寥寥数语间，一位悠闲旷达的隐士形象出现在眼前。

“高山安可仰，徒此揖清芬”，尾句是对孟浩然德行的褒美，孟浩然的品性就像高山一样让诗人仰望，虽然未能得见，但诗人已经感受到了其德行的馨香。在诗人对孟浩然的歌颂赞美中，可以看出诗人对隐居自由生活的向往，及对酒当歌、快意山水的豪迈情怀。

背景

诗人李白与孟浩然相交深厚，孟浩然晚年归隐南山，李白拜访未见，因而作下此诗，赞美孟浩然不慕名利、豁达高尚的人生品格。

名家点评

〔明〕谢榛：太白赠孟浩然诗，前云“红颜弃轩冕”，后云“迷花不事君”，两联意颇相似。(《四溟诗话》)

却下水晶帘，玲珑望秋月

玉阶怨

唐·李白

玉阶生白露，夜久侵罗袜。
却下水晶帘，玲珑望秋月。

注释

玉阶怨：乐府旧题，主旨为宫怨。

罗袜：丝罗织就的袜子。

却：回去，返回。

玲珑：晶莹明澈的样子。

简析

“玉阶生白露，夜久侵罗袜”，“玉阶”“罗袜”透露出深宫的楼阁繁复与衣裳华丽。但在这华丽的宫城内，台阶上铺满白露，可见无人探访，门庭冷清。夜深露重，罗袜都被露水浸湿，诗人虽写“夜久”，表现的却是等待之“久”。

“却下水晶帘，玲珑望秋月”，返回屋内，降下水晶帘，深宫女子却无心睡眠，忍不住隔帘相望天上的明月。月光玲珑澄净，隔着水晶帘更显出清冷迷离的朦胧美。诗人未明写幽怨，而是从细节上着力，刻画出鲜明的深宫女子寂寞望月的景象，语言精练含蓄，真实动人。

背景

此诗为李白仿拟乐府旧题《玉阶怨》所作，描绘了深宫女子幽怨寂寞的情形，意境含蓄深远，隽永悠长。

名家点评

〔明〕李沂：从未有过下帘望月者，不言怨而怨自深。(《唐诗援》)

〔清〕黄叔灿：始在阶前，继居帘内，当夜永而不眠，藉望月而自遣。曰“却下”，曰“玲珑”，意致凄恻，与崔国辅“浮扫黄金阶”诗意同。一曰“不忍见秋月”，一曰“玲珑”见秋月，各极其妙。彼含“不忍”字，此含“望”字。(《唐诗笺注》)

梦绕边城月，心飞故国楼

太原早秋

唐·李白

岁落众芳歇，时当大火流。
霜威出塞早，云色渡河秋。
梦绕边城月，心飞故国楼。
思归若汾水，无日不悠悠。

注释

歇：衰败。

大火流：《诗经》中有“七月流火，九月授衣”，意为大火星西行，天气转凉，代指秋季。

霜威：指寒霜肃杀的威力。

汾水：黄河支流，大致流经山西省中部，太原亦为汾水流域。

悠悠：深切悠长的样子。

简析

“岁落众芳歇，时当大火流”，秋季到来，万物走向萧瑟，花草都衰败了，开篇营造出凄冷忧伤的氛围。“霜威出塞早，云色渡河秋”，太原已经近于边关苦寒之地，所以称“出塞”，初秋就已寒霜肃杀，秋日的丛云也早早漂移到河的这边，宣告寒冷季节的到来。在与故乡完全不同的寒冷环境中，诗人仕途不遇的落寞迸发出了对家乡的思念。

“梦绕边城月，心飞故国楼”，虽然身在太原，梦里都是边关的月亮，但是诗人的心远远地飞到了家乡的楼宇之间。“飞”字极为巧妙，将诗人思乡之激动深切生动地体现出来。“思归若汾水，无日不悠悠”，尾句点题，以太原之景入诗，对家乡的思念就像汾水一样深远悠长，情感真挚动人。

背景

此诗作于唐玄宗开元二十三年（735）秋天。这年夏季，李白应友人之邀，同来太原，意欲攀桂以求闻达，然而辗转三晋，历时数月，终未能得到实现抱负的机会。

名家点评

〔清〕高步瀛：格调高逸。(《唐宋诗举要》)

跪进雕胡饭，月光明素盘

宿五松山下荀媪家

唐·李白

我宿五松下，寂寥无所欢。
田家秋作苦，邻女夜舂寒。
跪进雕胡饭，月光明素盘。
令人惭漂母，三谢不能餐。

注释

五松山：山名，在今安徽铜陵。

荀媪：荀姓老妇人。

夜舂：古时要把打下的谷子去壳才能食用，诗中指夜间舂米。

跪进：跪坐着进食，为宾客之礼。

雕胡：茭白籽实，即菰米，煮熟可食用。

漂母：即“漂母饭信”典故。韩信早年穷困潦倒，在河边遇到洗衣的老妇，老妇为其带了十余天的饭，韩信感恩于此，显赫后回报以千金。

简析

“我宿五松下，寂寥无所欢”，开篇写天色已晚，诗人只能在五松山下借宿，孤身出游，无人相伴，心中本是一片寂寥，此时的苦闷为后文的转折作铺垫。

“田家秋作苦，邻女夜舂寒”，农家日日在田野耕作，艰辛劳苦只为能有温饱收成，秋日寒夜，诗人还听到邻家妇女舂米的声音，“苦”“寒”将农家的贫苦和辛劳深切地体现出来。

“跪进雕胡饭，月光明素盘”，为了招待诗人，农家准备了美味的雕胡饭。月亮洒下银光，照亮了餐桌上素净的盘子。

“令人惭漂母，三谢不能餐”，清贫简陋的生活没有减损主人的好客之心，荀媪就像是汉代供养韩信的漂母一样款待诗人，诗人再三推辞还是添饭，直至诗人饱不能食，可见其慷慨无私的品格，赞美中蕴含着诗人的感激之情。

背景

李白游览五松山后，宿于山下农家，受到荀姓老妇人的热情款待。诗人念其盛情，遂作此诗。

名家点评

〔日〕近藤元粹：村家苦况写出，如耳闻目见。（《李太白诗醇》）

心飞秦塞云，影滞楚关月

江南春怀

唐·李白

青春几何时，黄鸟鸣不歇。
天涯失乡路，江外老华发。
心飞秦塞云，影滞楚关月。
身世殊烂漫，田园久芜没。
岁晏何所从？长歌谢金阙。

注释

江外：指长江以南的地区。

华发：白发。

秦塞：秦国的关塞，代指边塞。

楚关：楚国关塞，代指楚地。

烂漫：散乱漂泊之意。

晏：安定，安乐。

金阙：宫殿，代指皇帝。

简析

“青春几何时，黄鸟鸣不歇”，庸庸碌碌之间，春季已经过去了。诗人怀念过去的春天，黄鸟不停地鸣叫，显得生机勃勃，别有意趣。而诗人的情形是孤寂漂泊的，“天涯失乡路，江外老华发”，数十年的求仕生涯中，诗人几乎再未踏上归乡的路途，家乡只能是心中的寄托；流离到江南地区，蓦然发现头上已经生出了白发，年华逝去，一生流离，诗人心灰意冷，悲切哀伤之情溢于言表。

“心飞秦塞云，影滞楚关月”，虽然还有心报国，可是时运不济，诗人被困在楚地，无力捐躯赴国难。秦地边塞苦寒，但至少可以有所作为，诗人的身影在楚地滞留，留下的只有寂寥失意的心境。

“身世殊烂漫，田园久芜没”，回想前半生的命运实在太过散乱动荡，家乡的田园早已荒芜，无人耕种。“岁晏何所从？长歌谢金阙”，诗人立下誓言，如果国家能有安定之年，一定要辞官归乡，隐居田野，传达出归隐幽居的期望。

背景

此诗为李白在楚地时所作。诗人回顾前半生的仕途，无人赏识，四处漂泊，悲伤之下时常怀念故乡，透露出辞别朝堂、隐逸安居的渴望。

名家点评

〔元〕萧士赟：此太白流离湘楚之诗乎！食息不忘君，其志亦可哀矣。(《分类补注李太白集》)

故人西辞黄鹤楼，烟花三月下扬州

黄鹤楼送孟浩然之广陵

唐·李白

故人西辞黄鹤楼，烟花三月下扬州。
孤帆远影碧空尽，唯见长江天际流。

注释

孟浩然：唐代著名山水田园派诗人，与李白交好。

黄鹤楼：在今湖北武汉境内。江南三大名楼之一，临长江而建，相传因“跨鹤成仙”而得名。

广陵：诗中代指扬州。

烟花：诗中指柳絮如烟，百花相竞的景象。

唯：只，仅仅。

简析

此诗为李白赠给挚友的离别诗，描述了诗人目送友人离开的场面，虽蕴含淡淡忧伤，但更多地体现出诗人旷达悠远的心境。

开篇两句写事，“故人西辞黄鹤楼，烟花三月下扬州”，在这春色绚烂如许的三月，诗人与好友在黄鹤楼相见游玩，相逢之后即是分别，好友要乘船而下前往扬州，分别就在眼前。“孤帆远影碧空尽”，诗人目送友人离开，“孤帆”“远影”“碧空”，像是慢镜头一般，友人的船渐行渐远，白色的帆影越来越模糊，逐渐融入水天一色的远方。“尽”，既是船影消失之处，也是诗人目力所尽之处，生动刻画出诗人翘首相望的形象。“唯见长江天际流”，友人离开，目光所及是波涛汹涌的江水流向天际，景中有情，虽有失落，却更显壮阔。

背景

李白与孟浩然虽年纪相差十余岁，却彼此引为知己，孟浩然前往扬州，李白写出这篇送别之作，虽为分别，却显露出潇洒旷达的情怀。

名家点评

〔清〕徐增：有神理在内。诗中用字须板，用意须活。板则不可移动，活则不可捉摸也。(《而庵说唐诗》)

〔近代〕俞陛云：十四字中，正复深情无限，曹子建所谓“爱至望苦深”也。(《诗境浅说续编》)

我寄愁心与明月，随风直到夜郎西

闻王昌龄左迁龙标遥有此寄

唐·李白

杨花落尽子规啼，闻道龙标过五溪。
我寄愁心与明月，随风直到夜郎西。

注释

王昌龄：唐代著名的边塞诗人。

左迁：贬职，贬官。

龙标：地名，在今湖南省境内。诗中“龙标”代指前往任职的王昌龄。

子规：即杜鹃鸟，叫声哀婉凄绝。

五溪：地名，在今湖南省境内。

夜郎：地名，在今湖南省境内。

简析

本诗首句写景，作者身居扬州，此时“杨花落尽子规啼”，杨树飘絮飞落殆尽，子规啼叫声声哀鸣，蕴含着愁思。作者的愁思即是“闻道龙标过五溪”，听说好友被贬，心中忧愁思虑与杨花和鸟啼交融，传达出一片“愁”意。

但诗人身居扬州，无法亲见好友，只好说“我寄愁心与明月”，将对友人的关心和思念托付给了明月。明月仿佛邮驿一般，可以寄送诗人的情感。而明月漂移，“随风直到夜郎西”，将一路伴随好友前行，风与月都不再只是眼前之景，而是情感传输的通道，传达出作者心中深厚的友情。

背景

此诗为李白听到好友王昌龄被贬为龙标县尉后所作，表达了对好友王昌龄的同情和关心。

名家点评

〔清〕沈德潜：即“将心寄明月，流影入君怀”意，出以摇曳之笔，语意一新。(《唐诗别裁》)

〔清〕黄叔灿：“愁心”二句，何等缠绵悱恻！而“我寄愁心”，犹觉比“隔千里兮共明月”意更深挚。(《唐诗笺注》)

俱怀逸兴壮思飞，欲上青天揽明月

宣州谢朓楼饯别校书叔云

唐 · 李白

弃我去者，昨日之日不可留；
乱我心者，今日之日多烦忧。
长风万里送秋雁，对此可以酣高楼。
蓬莱文章建安骨，中间小谢又清发。
俱怀逸兴壮思飞，欲上青天揽明月。
抽刀断水水更流，举杯销愁愁更愁。
人生在世不称意，明朝散发弄扁舟。

注释

宣州：地名，在今安徽宣城一带。

谢朓楼：因南齐诗人谢朓所建而得名。

校书叔云：指诗人李云，担任校书郎一职。

蓬莱：代指东汉时期藏书的东观。

建安：指建安年间“建安七子”等代表的诗风。

小谢：指谢朓。

弄扁舟：宣州为古越国旧地，曾有范蠡乘舟归隐的传说。

简析

“弃我去者，昨日之日不可留；乱我心者，今日之日多烦忧。”本诗开篇即见诗人心中豪情，想要抛开昨日所失与今日忧愁，尽抒胸臆。“长风万里送秋雁，对此可以酣高楼”，送别之际，长风、秋雁的意象既是所见，也是比拟，诗人和友人在高楼上看风吹雁飞，兴致大起，不谈俗世，酣畅饮酒。

“蓬莱文章建安骨，中间小谢又清发”，两位诗人酒中之乐与笔下风骨堪称古今，“俱怀逸兴壮思飞，欲上青天揽明月”，在诗兴的激发下，诗人几乎要飞到天上去揽取明月，展现出诗人冲破人世藩篱，向往自由的勃发气概。

“抽刀断水水更流，举杯销愁愁更愁”，回想起现实的种种不平，诗人发出了不如归隐的慨叹：“人生在世不称意，明朝散发弄扁舟。”面对浑浊不公的俗世，诗人从哀怨自怜中超脱出来，体现出一览古今、豪情万丈的开阔情怀。

背景

此诗为李白赠予李云的送别之作，表现了诗人希望抛却俗世烦忧、出世归隐的万古豪情。

名家点评

〔清〕沈德潜：此种格调，太白从心中化出。(《唐诗别裁》)

〔清〕刘熙载：昔人谓激昂之言出于兴，此“兴”字与他处言兴不同。激昂大抵是情过于事，如太白诗“欲上青天揽明月”是也。(《艺概》)

黄鹤楼中吹玉笛，江城五月落梅花

与史郎中钦听黄鹤楼上吹笛

唐·李白

一为迁客去长沙，西望长安不见家。
黄鹤楼中吹玉笛，江城五月落梅花。

注释

史郎中钦：事迹不详，为诗人朋友，名为史钦，郎中为其官职。

黄鹤楼：南方名楼，在今湖北武汉境内。

一为：指一时之间突然成为。

迁客：指被贬的官员，应为史郎中或诗人自己。

江城：指今湖北武汉，旧称江城。

落梅花：曲名，诉离别之意。

简析

“一为迁客去长沙”，一日之间忽然成了贬谪之人，即将前往长沙。“西望长安不见家”，站在黄鹤楼向西望去，远远望向长安的方向，回想身在长安的繁华，落寞感伤之情油然而生，诗人不禁感慨无以为家。“西望”一词传神生动，将诗人怀念京城的心情淋漓尽致地表现出来。

“黄鹤楼中吹玉笛，江城五月落梅花”，黄鹤楼上眺望长安，听到哀伤的玉笛声，吹响的正是诉说离别之情的《落梅花》，情、景合一，诗人内心的忧愁上升到了极点。

本诗结构独特，写听笛声的感受，但却没有直接写笛声再抒发情感，而是反其道而行之，先写情感，再写笛声。读来颇有张力，极富想象空间。

背景

唐肃宗乾元元年（758）李白流放夜郎经过武昌时，游黄鹤楼有感而发，创作了这首诗。

名家点评

〔明〕谢榛：作诗有三等语，堂上语、堂下语、阶下语，知此三者可以言诗矣。凡上官临下官，动有昂然气象，开口自别。若李太白“黄鹤楼上吹玉笛，江城五月落梅花”，此堂上语也。(《四溟诗话》)

高　适

高适（704—765），字达夫，渤海蓨（今河北沧州）人，后迁居宋州宋城（今河南商丘），是唐代著名的边塞诗人。曾任刑部侍郎、散骑常侍，封渤海县侯，世称“高常侍”。高适与岑参并称“高岑”，与岑参、王昌龄、王之涣合称“边塞四诗人”。其诗笔力雄健，气势奔放，洋溢着盛唐时期所特有的奋发进取、蓬勃向上的时代精神。

自把玉钗敲砌竹，清歌一曲月如霜

听张立本女吟

唐·高适

危冠广袖楚宫妆，独步闲庭逐夜凉。
自把玉钗敲砌竹，清歌一曲月如霜。

注释

危冠：高高的发冠。
广袖：宽大的袖子。
楚宫：楚国的宫殿，代指楚地。

闲庭：空旷的庭院。

砌竹：台阶旁的竹子。砌，台阶。

简析

“危冠广袖楚宫妆”，诗句开篇摹画女子的形象，女子容颜秀美，按照楚地流行的式样装扮，高冠广袖，飘逸出尘。“独步闲庭逐夜凉”，深夜寒凉，这位女子却独自在庭院里徘徊，像是要驱赶夜间的寒冷一般。

“自把玉钗敲砌竹，清歌一曲月如霜”，大概是太寂寥了，女子拔下头上的玉钗，徘徊间敲打着台阶旁的竹子，玉石与竹子相击，声音清脆，清亮的声音更显寒意。“清歌一曲月如霜”，女子婉转地吟唱一曲，空旷的庭院里只有天上如霜般清冷的明月作陪，不写愁思却愁思更甚，宛如一幅精致优美的工笔画，字里行间更流露出清寂缥缈的韵味。

背景

此诗描述了一位衣着华丽，容貌端妍的女子，深夜敲竹吟唱，语言优美，“玉钗”一句常为后人引用。

名家点评

〔近代〕朱宝莹：首句写态，次句写情，均为“吟”字蓄势。三句转入“吟”字，四句就“吟”字发之。“自把”与“独步”相应。一曲清歌，使有月夜相对。以“如霜”形容月色之冷，又与“自把玉钗敲砌竹”情境相称。三句描写“听”字细绝，并玉钗敲竹之声亦“听”得也。(《诗式》)

雪净胡天牧马还，月明羌笛戍楼间

塞上听吹笛

唐·高适

雪净胡天牧马还，月明羌笛戍楼间。
借问梅花何处落，风吹一夜满关山。

注释

胡天：代指胡人居住的地方。

羌笛：乐器，乐声高亢悲凉。

戍楼：边塞驻军的瞭望楼。

梅花：指乐曲《梅花落》，诉离别之情。

关山：山名，在今陕甘宁一带。

简析

这首边塞诗实现了诗、画、音乐的完美结合，在虚实交错之间，把战士戍边之声与思乡之情有机地统一了起来。

“雪净胡天牧马还，月明羌笛戍楼间”，写眼前所见之景。草原上的白雪已经消融了，日暮时分，宽广的胡地上，牧马人和马群的身影从夕阳中驰来。到了夜间，月光明亮，诗人忽然听得戍楼之间传来哀怨的羌笛声。白雪，草原和马群，月亮，羌笛和戍楼，诗人将边塞不同的意象排列在一起，看似无心却别有新意，语言简单精练，又呈现出浑然天成的自然美。

“借问梅花何处落”，《梅花落》本是羌笛吹响的曲调，但诗人以实写虚，由曲子设想出梅花真实的意象。下句“风吹一夜满关山”，梅花本是虚景，关山是实景，诗人又以虚写实，虚实转换之间，梅花好似征人的愁思，铺满了关山这个愁地，手法巧妙，给人以深长隽永的余味。

背景

本诗作于天宝十三载（754），当时诗人在河西节度使哥舒翰幕府充掌书记。当听到边地戍楼上传来悠扬哀婉的笛声时，不禁感慨万分，写下此诗。

名家点评

〔明〕唐汝询：落梅足起游客之思，故闻笛者每兴味。(《唐诗解》)

〔清〕黄生："间"读作"闲"始妙。因大雪胡马远去，故戍楼得闲，二语始唤应有情。同用落梅事，太白"黄鹤楼中吹玉笛，江城五月落梅花"是直说硬说，此二句是婉说巧说，彼老此趣。(《唐诗摘钞》)

杜　甫

杜甫（712—770），字子美，自号少陵野老，襄阳人，后徙河南巩县，是唐代伟大的现实主义诗人，与李白合称“李杜”。杜甫生活在唐朝由盛转衰的历史时期，其诗大多是反映当时的社会面貌和民间疾苦，题材广泛，寄意深远，抒发了忧国忧民的情怀，因而被誉为“诗史”。杜诗沉郁顿挫，语言精练，格律严谨，感情真挚，达到了极高的艺术水平。

烽火连三月，家书抵万金

春望

唐·杜甫

国破山河在，城春草木深。
感时花溅泪，恨别鸟惊心。
烽火连三月，家书抵万金。
白头搔更短，浑欲不胜簪。

注释

国：国家，诗中代指国都。

城：长安城。

烽火：古时边关燃烟以示警，诗中代指战争。

浑：简直，几乎。

簪：束发工具，用来固定发髻。

简析

这是安史之乱中，诗人杜甫目睹长安城残破景象后的泣血之歌，表达了诗人忧国忧民之情。

“国破山河在，城春草木深”，首联对仗工巧，圆熟自然。“破”字点出了国都沦陷、城池残破的触目之景。“深”字，加重了伤国之情。

“感时花溅泪，恨别鸟惊心”，诗人移情于物，看到花、鸟这样美好的意象，却无法联想到美景，而是感伤离别。诗人的心情投射在花、鸟身上，像是花鸟在流泪和心悸。

前两句写景，至“烽火连三月，家书抵万金”一句开始写事。战争已经持续数月，一封家书价值万金，诗人把个人的命运与国家的命运结合在一起，透露出诗人对离别亲人深深的思念和担忧。

尾联以“不胜簪”作结，用“搔更短”这一动作，生动地表达了诗人内心的痛苦。

全诗语言深沉蕴藉、真挚自然，格律严谨，千百年来一直脍炙人口，历久不衰。

背景

此诗作于至德二载（757）。诗人当时为安史叛军所俘，身陷长安。

名家点评

〔元〕方回：此第一等好诗。想天宝、至德以至大历之乱，不忍读也。(《瀛奎律髓》)

〔明〕胡震亨：对偶未尝不精，而纵横变幻，尽越陈规，浓淡浅深，动夺天巧，百代而下，当无复继。(《唐音癸签》)

今夜鄜州月，闺中只独看

月夜

唐·杜甫

今夜鄜州月，闺中只独看。
遥怜小儿女，未解忆长安。
香雾云鬟湿，清辉玉臂寒。
何时倚虚幌，双照泪痕干。

注释

鄜州：今陕西省富县。

闺中：闺中之人，指妻子。

云鬟：如云浓密的发鬟。

虚幌：透光的窗帘和帷幕。

简析

这是杜甫诗中传诵较广的一首爱情诗，情深语工，耐人寻味。

“今夜鄜州月，闺中只独看”，全诗以望月开篇，设想妻子也在鄜州望着同一轮明月。从对方写起，思念之情更进一层。“遥怜小儿女，未解忆长安”，诗人与妻子坎坷相伴，儿女们年纪尚幼，还不懂得离开长安的苦愁。由小儿女的不懂反衬诗人与妻子的悲伤，思念更加浓烈深重。

“香雾云鬟湿，清辉玉臂寒”，颈联进一步想象妻子凝神望月的情景。夜深露重，鬓发被露水沾湿，月光清冷，双臂不免觉察寒意。冷清的景色中蕴含着哀伤孤寂的情绪。用词锦丽，意境朦胧。

“何时倚虚幌，双照泪痕干”，尾联以美好的愿望结尾，使得全诗之情味回味无穷。

背景

安史之乱中，诗人孤身被禁于长安，家人远在他乡，杳无音信。这首诗作于拘押期间，表达了诗人对远方亲人的思念。

名家点评

〔清〕沈德潜：“只独看”正忆长安，儿女无知，未解忆长安者苦衷也。反复曲折，寻味不尽。五、六语丽情悲，非寻常秾艳。(《唐诗别裁》)

〔清〕浦起龙：心已驰神到彼，诗从对面飞来，悲婉微至，精丽绝伦，又妙在无一字不从月色照出也。(《读杜心解》)

星垂平野阔，月涌大江流

旅夜书怀

唐 · 杜甫

细草微风岸，危樯独夜舟。
星垂平野阔，月涌大江流。
名岂文章著，官应老病休。
飘飘何所似，天地一沙鸥。

注释

书怀：书写胸怀。

危樯：高高的桅杆。

老病休：古时官员多以年老、体病等理由告老或免官。

飘飘：飘荡的样子，指飞起之貌。

沙鸥：一种水鸟，常在岸边随潮而飞。

简析

本诗前两联写景，状景精工。“细草微风岸，危樯独夜舟”，微风细草，高杆独舟，一柔一刚，形成对比，诗人乘船停靠在岸边，孤身一人，寂然伤怀。“星垂平野阔，月涌大江流”，分写岸上与江面之景。夜幕下原野广阔，深沉的夜色与原野相连，星辰低落像是垂在原野之上。月色明亮，江水奔流，空阔的景象与诗人的孤寂形成鲜明对比。此联境界阔大，历来为后人称道。

后两联写诗人心境。在诗人的理想中，显赫名声不应是文章带来的，辞官免职也应该是因为年老病弱，而非朝政污浊。

“飘飘何所似，天地一沙鸥”，尾联借景抒情，借此时之景形容自己的境况，天地之大，却只能像沙鸥一般四处飘零。至此，诗人内心漂泊无依的感伤深刻地传达了出来，读之催人泪下，感人至深。

背景

这首诗是大历三年（768）春，杜甫离开夔州，经三峡朝江陵前行时所作。全诗主旨为旅夜所见所想，在苍凉的基调中表达出诗人内心的苦闷。

名家点评

〔明〕胡应麟：“山随平野阔，江入大荒流”，太白壮语也；杜“星垂平野阔，月涌大江流”，骨力过之。(《诗薮》)

〔清〕沈德潜：胸怀经济，故云：名岂以文章而著；官以论事罢，而云：老病应休。立言之妙如此。(《唐诗别裁》)

星临万户动，月傍九霄多

春宿左省

唐・杜甫

花隐掖垣暮，啾啾栖鸟过。
星临万户动，月傍九霄多。
不寝听金钥，因风想玉珂。
明朝有封事，数问夜如何。

注释

左省：唐中央官署名，门下省的别称。

掖垣：指在禁中左右掖的门下、中书两省。

九霄：传说天有九重，表示天之高。

金钥：诗中指钥匙开门的声音。

玉珂：马络头上的玉制装饰物。

封事：指皂囊密封的奏章。

简析

“花隐掖垣暮，啾啾栖鸟过”，首联描写开始值夜时左省中的景色。诗人夜晚在职所无心睡眠，看到沉暮的夜色里，花枝遮掩着两省的院墙，鸟儿栖在树上啾啾鸣叫，时节应是春季。

“星临万户动，月傍九霄多”，颔联对仗工稳妥帖，境界阔大，生动传神。“动”字和“多”字极精练，可谓“句眼”，二字一下，境界全出。

“不寝听金钥，因风想玉珂”，诗人难以成眠，不时注意着宫门钥匙响动的声音，随风传来马络头上的环佩撞击声，思绪也随之飘远。颈联生动地刻画出诗人辗转反侧、紧张不安的情状。

尾联交代了“不寝”的原因，是因为天明后有封事要上奏。“数问夜如何”，表现了诗人恪尽职守、尽心国事的胸怀。

背景

此诗作于乾元元年（758）春，杜甫时在长安任左拾遗。此诗描述了夜晚诗人无心睡眠的所见所闻，传达出对国事的忧虑和不安。

名家点评

〔清〕金圣叹：此诗之妙，妙于将题劈头写尽，却出己意，得大宽转。(《杜诗解》)

〔清〕浦起龙：按三、四，只是写景，而帝居高迥，全已画出。后四，本贴“宿”字，反用“不寝”二字，翻出远神，都无滞相。(《读杜心解》)

卷帘残月影，高枕远江声

客夜

唐·杜甫

客睡何曾著，秋天不肯明。
卷帘残月影，高枕远江声。
计拙无衣食，途穷仗友生。
老妻书数纸，应悉未归情。

注释

著：睡着。

卷帘：古时帘子多为滚筒状，上卷下放。

计拙：指拙于生计，即谋生艰难。

友生：友人。

简析

“客睡何曾著，秋天不肯明”，首联开门见山，写出了长夜难眠的痛苦情状。“不肯”二字用得极为含蓄，将愁怀表露无遗。“入帘残月影，高枕远江声”，颔联写不寐时的所见所闻。寥寥十个字，勾勒出一幅清幽的山城夜景图。

“计拙无衣食，途穷仗友生”，颈联慨叹计拙途穷，言生活困窘，常常不能温饱，缺衣少食；漂泊的路途颠簸跌宕，不时要依靠友人的帮助，诗人生活之清苦可见一斑。

“老妻书数纸，应悉未归情”，尾联写诗人无心睡眠，起身给妻子写了一封长长的家信，希望她能了解自己未能归家的隐情。简陋的旅舍里，诗人由景到情，回想辛酸经历，孤寂哀伤的情绪迸发而出。

全诗语言朴实，含蓄蕴藉，耐人寻味。

背景

此诗当作于宝应元年（762）秋。时杜甫流寓梓州（今四川三台）。诗人在外漂泊，因战乱无法返回成都家中，思亲心切，感慨万千，表达了生活窘迫、漂泊未定的愁闷心情。

名家点评

〔清〕金圣叹：“何曾”，“曾”字妙，若有人冤其曾著者；“不肯”，“肯”字妙，便似天有心与客作冤然。“残月”句妙于“入帘”字，看其渐渐移来；“远江”句妙于“高枕”字，写出忽忽听去。（《杜诗解》）

〔清〕屈复：起二句皆用俗语，却雅绝，可为知者道。（《唐诗成法》）

露从今夜白，月是故乡明

月夜忆舍弟

唐·杜甫

戍鼓断人行，秋边一雁声。
露从今夜白，月是故乡明。
有弟皆分散，无家问死生。
寄书长不达，况乃未休兵。

注释

戍鼓：戍楼的宵鼓，击鼓以示宵禁。

秋边：边塞的秋日。

休兵：指战争停止。

简析

“戍鼓断人行，秋边一雁声”，诗句开篇点明诗人身在边关，描绘了一幅边塞秋天的图景。戍楼上的鼓声、秋日大雁的哀鸣，共同渲染出幽冷哀切的氛围。

“露从今夜白，月是故乡明”，既写景，也点明了时令。诗人所写的并不完全是客观实景，而是融入了自己的主观感情，极深刻地表现了思乡之情。

“有弟皆分散，无家问死生”，由望月转入抒情，过渡自然。战乱持续数月，家人四散流离，无家可归，连生死的音信都无法得知。

“寄书长不达，况乃未休兵”，进一步抒发内心的忧虑之情。寄封家信，路途遥远难以抵达，况且现在还在战乱之中，诗人的担忧悲切只能托于清冷的月色，哀婉深重。

背景

此诗为杜甫流寓秦州时所作，时在乾元二年（759）秋日。战火连绵数年，家人已有数月杳无音信，诗人月夜思亲，抒发了战争流离的悲痛，以及对亲人的浓浓思念。

名家点评

〔明〕王嗣奭：只“一雁声”便是忆弟。对明月而忆弟，觉露增其白，但月不如故乡之明，忆在故乡兄弟故也，盖情异而景为之变也。(《杜臆》)

〔清〕吴乔：《月夜忆舍弟》之悲苦，后四句一步深一步。(《围炉诗话》)

江动月移石，溪虚云傍花

绝句六首（其六）

唐·杜甫

江动月移石，溪虚云傍花。
鸟栖知故道，帆过宿谁家。

注释

移石：指江水的流动，像是月光移动着水边的石头一般。

溪虚：形容溪水之清。

故道：鸟儿归巢的旧路。

帆：诗中代指船只。

简析

这首诗是杜甫组诗《绝句六首》中的第六首，写江溪春夜之景。

“江动月移石”，夜间江水流动渐慢，水波平缓，月光铺洒下粼粼微光，映出石影闪动的轮廓，不像是江水在流动，更像是月光移动着岸边的石头，才让石影在水中显现出变幻的情状。“溪虚云傍花”，溪水清澈，天上的云彩在水里依然看得清楚分明，与水边的野草野花相互依偎，景色奇丽，以至于溪水像是空空的一样，以抽象写实景，生动传神。诗人只写漫天夜色的一个微处，用词精妙，毫不着力，更显神韵。

“鸟栖知故道，帆过宿谁家”，鸟儿每日归巢都沿着旧的路径，而诗人乘坐的船只却不知该停靠何处。鸟儿不通人情都有家可归，更衬托出诗人无处可依的寂寥落寞。

背景

此诗作于广德二年（764），时杜甫居住于成都浣花草堂。诗人一生漂泊，回到成都草堂，对此前不安定的生活心有感伤，借夜景一角表达孤寂愁闷的忧思。

名家点评

〔明〕王嗣奭：公奔窜既久，初归草堂，凡目之所见，景之所触，情所感，皆掇拾成诗，犹之漫兴也。(《杜臆》)

〔清〕仇兆鳌：六章，江溪春夜之景。江动月翻，恍如移石而去；溪虚云度，隐然傍花而迷；写景俱在空际。鸟归溪畔，帆迅江流，二句分承，而意则有感，见客帆之不如栖鸟也。(《杜诗详注》)

画图省识春风面，环珮空归夜月魂

咏怀古迹（其三）

唐·杜甫

群山万壑赴荆门，生长明妃尚有村。
一去紫台连朔漠，独留青冢向黄昏。
画图省识春风面，环珮空归夜月魂。
千载琵琶作胡语，分明怨恨曲中论。

注释

荆门：地名，在湖北境内，与王昭君故乡秭归相近。

明妃：指西汉元帝时出塞和亲的王昭君，西晋时避司马昭名讳，又称为明妃。

紫台：帝王居所，指宫廷。

朔漠：北方沙漠。

青冢：坟冢被草包围，故称青冢。

省识：略识。

作胡语：琵琶中的胡音。

曲中论：曲中的怨诉。

简析

“群山万壑赴荆门，生长明妃尚有村”，首联以“群山万壑”起笔，气势雄壮，不留偏隘。一个“赴”字，写出了情感上的气势，也点出了昭君家乡所处的地理位置和环境。

“一去紫台连朔漠，独留青冢向黄昏”，诗人回想昭君故事，史书只叙汉匈和亲的功绩，却无人知晓昭君远离家乡老死大漠的孤寂和幽怨。时过境迁，当年的盛事只剩黄昏下寂寥的坟茔。诗人以简洁之笔，概括了昭君一生的遭遇，描绘出了一幅空旷、凄清的画面。

“画图省识春风面，环珮空归夜月魂”，颈联紧承前两句，进一步提示造成昭君不幸命运的原因。“千载琵琶作胡语，分明怨恨曲中论”，在诗人的设想中，昭君的琵琶后来奏出的都是胡人的乐曲，诉说着怨恨和孤寂。

这首怀古诗，诗人借古讽今，借咏王昭君的不幸遭遇，抒发自己壮志不酬、漂泊孤寂的悲愤之情。全诗感情深沉，诗风沉郁顿挫，被誉为“咏昭君诗之绝唱”。

背景

此诗写于大历元年（766），诗人有感于王昭君的遭遇，寄予了自己深切的同情，写下了这首幽怨悲壮的咏歌。

名家点评

〔清〕吴乔：子美“群山万壑赴荆门”等语，浩然一往中，复有委婉曲折之致。(《围炉诗话》)

〔清〕沈德潜：咏昭君诗，此为绝唱，余皆平平。(《唐诗别裁》)

思家步月清宵立，忆弟看云白日眠

恨别

唐・杜甫

洛城一别四千里，胡骑长驱五六年。
草木变衰行剑外，兵戈阻绝老江边。
思家步月清宵立，忆弟看云白日眠。
闻道河阳近乘胜，司徒急为破幽燕。

注释

洛城：洛阳城。

胡骑：胡人骑兵，指安史之乱的叛军。

剑外：指剑门关以南的地区，即诗人所居的蜀地。

兵戈：此指安史之乱。

闻道：听说。

河阳：指黄河北岸。

司徒：官职，代指此时任司徒的李光弼。

幽燕：大致包括今京津冀地区，古时为燕国，后为幽州。

简析

这是一首恨别思乡诗。

“洛城一别四千里，胡骑长驱五六年”，首联写诗人离开洛阳，辗转了四千里路途才有了栖身之所，朝廷与叛军已经相战了五六个年头，战火仍未平息。“草木变衰行剑外，兵戈阻绝老江边”，羁旅的路途跌宕坎坷，年复一年，周遭草木衰败，诗人终于到了蜀地安顿。回想自己半生困窘起伏，今后可能就要在这战火未沾的江边蜀地老此一生。

“思家步月清宵立，忆弟看云白日眠”，颈联写诗人因思念家乡、想念弟弟而在月下徘徊，难以入睡，委婉曲折地表达了诗人与家人的深厚感情。“闻道河阳近乘胜，司徒急为破幽燕”，尾联写听闻河阳收复，李司徒着急攻打幽燕之地，显露出诗人渴望战争早日胜利、国家安定的殷切祈愿。

全诗情真语挚，沉郁顿挫，扣人心弦。

背景

此诗当作于上元元年（760）秋，时杜甫寓居成都草堂。当时国家仍承受着战乱之苦，诗人念及自身年老衰颓，思念远方的亲人，忧思深重，期望战争早日结束，作下此诗。

名家点评

〔明〕王嗣奭：宵立昼眠，起居舛戾，恨极故然。“司徒急为破幽燕”，则故乡可归，别可免矣。(《杜臆》)

〔清〕沈德潜：若说如何“思”，如何“忆”，情事易尽，“步月”“看云”，有不言神伤之妙。(《唐诗别裁》)

岑 参

岑参（约715—770），荆州江陵（现湖北江陵）人，唐代著名的边塞诗人，与高适并称“高岑”。其诗的主要思想倾向是慷慨报国的英雄气概和不畏艰难的乐观精神。艺术上气势雄伟，想象丰富，风格峭拔。他擅长以七言歌行描绘壮丽多姿的边塞风光，抒发豪放奔腾的感情，代表作有《白雪歌送武判官归京》等。

万里乡为梦，三边月作愁

送人赴安西

唐·岑参

上马带吴钩，翩翩度陇头。
小来思报国，不是爱封侯。
万里乡为梦，三边月作愁。
早须清黠虏，无事莫经秋。

注释

安西：指安西都护府，为防御突厥所设。

吴钩：产于吴国的弯刀，代指兵器。

陇头：即陇山，在宁陕甘交界处，是唐代的边关地区。

三边：古称幽州、并州、凉州所辖地区为三边，后泛指边疆。

黠虏：狡猾阴险的敌军。

简析

这是一首送友人前往安西从军的诗，表达了依依惜别的深情。

“上马带吴钩，翩翩度陇头”，首联先从友人身着戎装策马登上征程写起。寥寥数字，一个英姿飒爽的少年英雄形象就跃然纸上。

“小来思报国，不是爱封侯”，颔联写友人从少年开始就心系边塞，一心为国杀敌，这也是诗人的志向和追求。“不是爱封侯”，强调了不是因为贪慕名利才来到边关。

“万里乡为梦，三边月作愁”，颈联写家乡与边塞相隔万里，身在战火飞扬之地，常常牵挂家乡的亲人，然而只有在梦里才能回到故乡，一解思乡之愁。三边自古以来就是兵家必争之地，必须有英勇善战的士兵们戍守。艰苦寂寞的生活里，天上的月亮也能引发思乡的愁绪。

“早须清黠虏，无事莫经秋”，尾联写诗人对友人的殷切期望。只盼友人和将士们奋勇杀敌，早日清退敌军，不要过了秋天还未结束战争。诗人的送别不见感伤，而是激情勃发，充满了雄浑豪迈的英雄气概。

背景

诗人岑参刚刚离开边关回到长安，友人又要前往安西，诗人写下这种送别之作，既寄托了战争平息的期望，也抒发出慷慨报国的英雄气概。

名家点评

〔元〕方回：岑参送人诗皆壮浪宏阔，非晚唐手可望。(《瀛奎律髓汇评》)

〔清〕余成教：语奇体俊。(《石园诗话》)

钱 起

钱起（约722—780），字仲文，吴兴（今浙江湖州）人。唐代宗大历中为翰林学士。钱起长于五言，词彩清丽，音律和谐。因与郎士元齐名，世称“钱郎”。其诗具有较高的艺术水平，风格清空闲雅、流丽纤秀，尤长于写景，为大历诗风的杰出代表，被誉为“大历十才子之冠”。

水月通禅寂，鱼龙听梵声

送僧归日本

唐·钱起

上国随缘住，来途若梦行。
浮天沧海远，去世法舟轻。
水月通禅寂，鱼龙听梵声。
惟怜一灯影，万里眼中明。

注释

上国：唐代日本称中国为上国。

浮天：指天空与水面距离极近，天空像是浮在水上一样。

去世：佛家“去世”指离开这一世，诗中代指离开中国。

法舟：指僧人所乘的船。

水月：水中月影，指佛家空虚的心灵状态。

梵声：讲解佛法的声音。

简析

“上国随缘住，来途若梦行”，在佛家的理念中，一切都是自在随心、随缘而行，僧人来到中国的过程几经磨难，却是随缘由心的。路途虽然坎坷，但像是往日梦境一般，没留下任何痕迹。

“浮天沧海远，去世法舟轻”，颔联写日僧来到中原大地要乘船渡过万里重洋，“浮天”“沧海”二词生动地说明了海之深阔。等到诗人离开中国时，像是经历了一世轮回，回程的船必是轻快无碍的。

“水月通禅寂，鱼龙听梵声”，水中月影象征着空寂的禅修，讲解经法时鱼龙都聚集在一起，听讲佛法。

“惟怜一灯影，万里眼中明”，佛家修习不惧孤寂，即使只有小小的一圈灯影，佛家弟子也必能眼明心静，从中看出大千世界的缘法。

全诗意境空灵典雅，禅味深厚。

背景

此诗为钱起送给日本僧人的离别诗。唐代物质繁华，文化兴盛，日本僧人前往中国学习成为风潮。诗人所写的这首诗作，使用大量佛家用语，既诉离别之意，又呈现出高雅空灵的禅韵。

名家点评

〔清〕章燮：前半不写送归，偏写其来处；后半不明写送归，偏写海上夜景。送归之意，自然寓内。如此则诗境宽而不散，诗情蕴而不晦矣。(《唐诗三百首注疏》)

二十五弦弹夜月，不胜清怨却飞来

归雁

唐·钱起

潇湘何事等闲回，水碧沙明两岸苔。
二十五弦弹夜月，不胜清怨却飞来。

注释

潇湘：潇指潇水，湘指湘江，常代指二水流经的地区。古人认为大雁南飞即是前往潇湘地区，故以潇湘代指大雁的故乡。

等闲：随便、轻易。

二十五弦：琴瑟有二十五弦，故常以二十五弦代指琴瑟。

清怨：凄清幽怨。

简析

雁为候鸟，每年都要南飞北归，常被视为游子思乡的寄托。诗人在本诗中借大雁的来去，展现游子的漂泊，蕴藏着无限愁思怅惘。

首句“潇湘何事等闲回”，似是责问大雁，闲来无事为何要常常回到潇湘。看似无理责问，实写游子对家乡的依恋与不舍。“水碧沙明两岸苔”，故乡之地山清水秀，清澈的湖水沿岸，是闪动着微光的沙子，两岸苔藓碧绿，大雁常常聚集在这里啄食。虽是写景，但加入了自然中的场景，展现出大雁在故乡生活的自由自在。

“二十五弦弹夜月”，夜色笼罩下，一轮明月投下光辉，诗人用琴瑟弹起了哀伤的曲调。“不胜清怨却飞来”，此时大雁纷纷飞来，像是承受不住诗人曲调中的幽怨一般，委婉含蓄，以物寓情，透露出诗人思乡的哀伤。

本诗构思奇特，想象丰富，借咏雁婉转表达羁旅愁情，感情真挚，意趣含蓄。

背景

诗人托以大雁这一意象，不写人之思乡，而写雁之幽怨，与其所弹奏的琴瑟乐声呼应，表达深切的思乡之情。

名家点评

〔明〕桂天祥：极佳！后人果无此作者。用意精深。乃知良工心独苦。(《批点唐诗正声》)

〔清〕何焯：托意于迁客也。禽鸟犹畏卑湿而却归，况于人乎？(《唐三体诗评》)

〔近代〕俞陛云：作闻雁诗者，每言旅思乡愁。此诗独擅空灵之笔，殊耐循讽。(《诗境浅说续编》)

张　继

张继，生卒年不详。字懿孙，湖北襄州（湖北襄阳）人。大历中，以检校祠部员外郎为洪州（今江西南昌）盐铁判官。他的诗爽朗激越，不事雕琢，比兴幽深，事理双切，对后世颇有影响。代表诗作有《枫桥夜泊》等。

月落乌啼霜满天，江枫渔火对愁眠

枫桥夜泊

唐·张继

月落乌啼霜满天，江枫渔火对愁眠。
姑苏城外寒山寺，夜半钟声到客船。

注释

枫桥：桥以枫为名，在今苏州市内。
姑苏：指苏州。
寒山寺：相传曾为僧人寒山居住，在今苏州市内。

简析

这是一首千古传唱的名作，全诗未提思乡，然通篇皆述思乡之情，意境深远悠长。

“月落乌啼霜满天”，首句写景，深夜月沉星落，乌鸦啼叫，寒霜铺面，像是满天落霜一般，自是一派寒冷萧索的氛围。在这样的氛围中，诗人心绪难平，“江枫渔火对愁眠”，江边枫叶零落，远处江面渔火点点，萧索中又多了空寂和孤独。诗人孤身在外，羁旅一人，旅途中只有忧愁相伴。暗淡的月光，寒冷的空气，暗夜的枫树，江上的渔火，寓情于景，将诗人之孤独描述得淋漓尽致。

诗人在船上难以成眠，愁闷朦胧之间，忽听得钟声，“姑苏城外寒山寺，夜半钟声到客船”。诗人不写自己听闻钟声，而写钟声从寒山寺传至客船，钟声将静默的夜晚衬托得更加寂静。作者夜宿姑苏城，远离家乡似乎无处可去，寂寥中传达出深切的思乡之情。

背景

此诗大约作于诗人张继在安史之乱后避地吴中时。此诗通过写旅经苏州时的所见所思，表达了羁旅在外的思乡之情。

名家点评

〔清〕沈德潜：尘市喧阗之处，只闻钟声，荒凉寥寂可知。(《唐诗别裁》)

〔近代〕俞陛云：作者不过夜行记事之诗，随手写来，得自然趣味。(《诗境浅说续编》)

戴叔伦

戴叔伦（732—789），字幼公，一作次公，润州金坛（今属江苏）人。少从萧颖士学，有才名。曾历任秘书省正字、东阳县令、抚州刺史、容州刺史等职。其诗多表现隐逸生活和闲情逸致，能寄深意于恬澹之中，对晚唐诗人影响尤大。一些反映民生疾苦的作品，开中唐元白新乐府的先河，也颇有特色。著作有《戴叔伦集》。

凉月如眉挂柳湾，越中山色镜中看

兰溪棹歌

唐·戴叔伦

凉月如眉挂柳湾，越中山色镜中看。
兰溪三日桃花雨，半夜鲤鱼来上滩。

注释

兰溪：又称兰江，在今浙江兰溪市境内。

棹歌：渔民行船时所唱之歌，诗人仿此体例，故称棹歌。

凉月：月光清冷的月亮。

越中：唐代越州，指古越国之地，大致包括今浙江绍兴、杭州等地。

简析

诗题《兰溪棹歌》，为诗人采用棹歌的体例和内容所作，棹歌往往取材于自然景色、日常生活，通俗质朴。诗人以此立意，则写景重在跳脱出辞藻框架，去繁就简，彰显自然意趣。

首句“凉月如眉挂柳湾”，写新月照溪的景色。月光清冷，仿佛有冰凉的触感；月亮弯弯，像是女子的弯眉，悬挂在柳树围聚的水湾之间。寥寥几字，一幅精致形象的工笔画作展现在眼前。

“越中山色镜中看”，次句写溪水峡山与景色。平静的湖面像是一面镜子，映照出越中青翠的丛山。山色的倒影是古诗中的常见意象，在诗人笔下更多了几分活泼。

“兰溪三日桃花雨”，写兰溪桃花汛至的景象。兰溪三日前下了一场春雨，正值桃花初开，雨水与花瓣相间，“桃花雨”的形容优美生动，明丽春色跃然纸上。

尾句“半夜鲤鱼来上滩”，写鱼群随汛而至的景象。夜半人静时分，湖中鲤鱼游动，鱼儿挤攘之间，几乎要跳上岸边的沙滩。诗人对动景的描绘用词更加精巧，意境清新自然，展现出春季里的勃勃生机。

背景

此诗为戴叔伦模仿吴越等地的民歌所作，诗中有画，展现了越中地区生机盎然的春日风光。

卢 纶

卢纶（约748—约799），字允言，“大历十才子”之一，唐代河东蒲州（今山西永济）人。卢纶的唱和应答诗主要为五言和七言近体诗，成就不高，边塞诗则雄浑慷慨，为人们所传诵。代表诗作有《晚次鄂州》《塞下曲》等。

月黑雁飞高，单于夜遁逃

和张仆射塞下曲（其三）

唐 · 卢纶

月黑雁飞高，单于夜遁逃。
欲将轻骑逐，大雪满弓刀。

注释

张仆射：诗人的朋友。张为姓，仆射为官职。

塞下曲：唐朝盛行的乐府诗题，主旨多讲边塞之事。

单于：匈奴、胡人等少数民族的首领。

轻骑：轻装出行的骑兵。

弓刀：为刀类武器的一种，形状近于弓形而得名，便于携带。

简析

此诗描述的是边关地区的一场战争，然诗人未正面直写战争的激烈，而是刻画了一些特殊场景，由细节展现战争的激烈。

“月黑雁飞高”，夜色沉重，月色暗淡，大雁一时间纷纷飞上天空，打破了夜晚的静谧，可见是突袭，这一景代表着战争的开始。“单于夜遁逃”，单于在夜色掩护下慌乱逃走，留下混乱溃败的敌军，这一景代表着战争的结果，可以想象到战场上士兵英勇杀敌的情形。

“欲将轻骑逐，大雪满弓刀”，轻装出发的骑兵要出发去奋勇追杀敌人了，忽然大雪漫天，追赶之间武器上都落满了积雪，军人的豪迈无畏尽显无遗，场面壮烈而扣人心弦。

背景

此诗为卢纶边塞组诗中的一首，是历来广为传诵的名篇。诗句描述了士兵作战擒敌的英勇姿态，场景构画巧妙，尽显军士们的豪情。

名家点评

〔清〕李瑛：上二句言匈奴畏威远遁。下二句不肯邀开边之功，而托言大雪，便觉委婉，而边地之苦亦自见。(《诗法易简录》)

〔近代〕俞陛云：言兵威所震，强虏远逃，月黑雁飞，写足昏夜潜遁之状。追奔逐北者，宜发轻骑蹑之，而弓刀雪满，未得穷追，见漠北之严寒，防边之不易也。(《诗境浅说续编》)

李　益

李益（约750—约830），字君虞，陇西姑臧（今甘肃武威）人，大历四年（769）进士。李益所作边塞诗在当时流传很广，既歌颂战士激昂慷慨、勇于牺牲之精神，也描写了久戍思乡者之忧伤，风格悲壮婉转，直类盛唐。代表诗作有《夜上受降城闻笛》《塞下曲》等。

回乐峰前沙似雪，受降城外月如霜

夜上受降城闻笛

唐·李益

回乐峰前沙似雪，受降城外月如霜。
不知何处吹芦管，一夜征人尽望乡。

注释

受降城：受降城又称三降城，唐朝为抵御突厥而建，为古诗中常见的边塞地点。

回乐峰：回乐县里的山峰，在今宁夏灵武市境内。

芦管：乐器，乐声哀婉。

征人：指戍守边关的士兵。

简析

首句“回乐峰前沙似雪”，以边塞景色下笔，回乐峰前大漠苍茫，月光照拂下的沙子像雪一般堆积在地面上，折射出幽幽的光彩。“受降城外月如霜”，登上受降城，夜色深重，一轮明月高悬于天空，月光像白霜一样澄净而又寒冷，诗人写月光之寒，透露出心境的孤寂。开篇写景，对仗工整，“如雪”“如霜”的比拟为全诗营造出辽远清冷的氛围。

“不知何处吹芦管”，诗人笔锋一转，从边塞景致转向声音描写，不知道何处何人吹响了芦管，笛声呜咽，哀伤的曲调如泣如诉。在哀婉动人的声音里，“一夜征人尽望乡”，士兵们就这样凝望着家乡的方向，一夜不曾改变。诗人用略显夸张的手法，生动地刻画出边塞军士思乡的情状。全诗并未直言“思乡”，而是通过描写将士们的行为传达其心境，语言含蓄，意境悠远。

背景

此诗为李益在边塞要址受降城所作，展现了边关士兵对家乡的思念，意境含蓄隽永，为古代边塞诗歌中的佳作。

名家点评

〔清〕黄叔灿：李君虞绝句，专以此擅场，所谓率真语，天然画也。(《唐诗笺注》)

〔清〕宋宗元：蕴藉婉转，乐府绝唱。(《网师园唐诗笺》)

孟 郊

孟郊（751—814），字东野，湖州武康（今浙江德清县）人。孟郊生性孤直，才高志大，但一生穷愁失意。他少年时曾隐居嵩山，46岁中进士，后任溧阳县尉，直到终老。其诗多寒苦之音，用字造句追求瘦硬，与贾岛齐名，有“郊寒岛瘦”之称。

别后唯所思，天涯共明月

古怨别

唐·孟郊

飒飒秋风生，愁人怨离别。
含情两相向，欲语气先咽。
心曲千万端，悲来却难说。
别后唯所思，天涯共明月。

注释

古怨别：乐府曲题之一，诗人托以此名写离别之情。

飒飒：指风吹树叶发出的声音。

咽：哽咽。

心曲：指内心的心绪。

千万端：诗中指千头万绪之意。

简析

这首诗描写情人离愁，表现了他们深挚的爱情和相互之间的信赖。

“飒飒秋风生”，开篇以声动人，清冷之感油然而生。“愁人怨离别”，必须要分别了，两人都心怀忧愁，对即将到来的离别充满怨怼。

“含情两相向，欲语气先咽”，此两句开始具体写离别的情状，两人双眼含泪，相顾含情而视，本想一吐心中情意，但欲语凝噎，悲伤之深切让两人都说不出话来，无言更衬托有情。

“心曲千万端，悲来却难说”，心中藏着万般心事，但想说的时候却找不到头绪，这都是因为心中悲伤太重的缘故啊。离别之际，不抒情意此后再难倾诉，但双方都寄托了太多的情思，以至于泪眼相看，一片静默。

“别后唯所思，天涯共明月”，尾联借月写离思。此次离别之后，不知今生能否再次相逢，分处天涯两地，以后思念的时候只能望着天上的明月。明月虽然哀伤，但同样象征着情人间的坚贞和永恒，更体现出对于相聚的美好祈愿。

背景

此诗描述了萧瑟的秋季，一对情人间忧伤哀怨的离别之情。

名家点评

〔清〕邹弢：结处聚精含神，从真性情流出，东坡谓“郊寒岛瘦”，非确评也。(《精选评注五朝诗学津梁》)

榆柳萧疏楼阁闲，月明直见嵩山雪

洛桥晚望

唐 · 孟郊

天津桥下冰初结，洛阳陌上人行绝。
榆柳萧疏楼阁闲，月明直见嵩山雪。

注释

洛桥：即天津桥，故址在今河南洛阳西南的洛水上。

陌上：田间小路。

闲：指楼阁冷清，不见喧哗。

嵩山：五岳之一，在河南登封市境内。

简析

“天津桥下冰初结”，首句既点明天气的寒冷，又渲染了萧瑟的氛围。“洛阳陌上人行绝”，由于天气寒冷，人迹罕至，到处是一片萧条之景。浩瀚的夜空下，只有诗人孤身一人站在洛桥上，空旷之景衬托出孤寂之人。

“榆柳萧疏楼阁闲”，诗人向远处望去，只见榆树、柳树枝叶萧瑟，枯枝零落交错，空隙中可以窥见远处的楼阁。平日里的楼阁繁华喧闹、人来人往，现在却不见人影，楼阁像是空闲下来了一般。

“月明直见嵩山雪”，末句笔力遒劲，气象壮阔，将视线一下延伸到遥远的嵩山，给沉寂的画面增添了无限生机。

诗人全篇扣紧“望”字，由近到远，气象壮阔，意境高远，引人回味。

背景

诗人此时在洛阳任职，适值寒冷的冬季，洛阳城内繁华消减，诗人夜幕时分在洛桥上眺望，由近到远的一幅画卷徐徐展开，展现出清冷却又空阔的意境。

名家点评

〔清〕潘德舆：笔力高简至此，同时除退之之奥、子厚之澹，文昌之雅，可与匹者谁乎?（《养一斋诗话》）

刘方平

刘方平，生卒年不详，唐玄宗天宝年间诗人，洛阳（今河南洛阳）人。天宝前期曾应进士试，又欲从军，均未如意，从此隐居颍水、汝河之滨，终生未仕。工诗，善画山水。其诗多咏物写景之作，尤擅绝句，其诗多写闺情、乡思，艺术性较高，善于寓情于景，意蕴无穷。代表诗作有《月夜》《春怨》等。

更深月色半人家，北斗阑干南斗斜

月夜

唐・刘方平

更深月色半人家，北斗阑干南斗斜。
今夜偏知春气暖，虫声新透绿窗纱。

注释

更深：夜深。

半人家：月亮只照着半个庭院。

北斗：北斗七星。

阑干：常比喻星影横斜之形。

南斗：南斗六星。

简析

这首诗写诗人在初春的月夜对春回大地的感受。

“更深月色半人家”，开篇即描述了一幅优美静谧的画卷。夜深了，柔和的夜色里，月光照亮了庭院的一侧，一半庭院沐浴在月光中，一半则藏在幽深的夜里。抬头看向天空，“北斗阑干南斗斜”，星空明朗可见，北斗七星横错着排列在北方，南斗六星也斜斜地挂在天上。

“今夜偏知春气暖”，一个“偏”字，传递出诗人趣味盎然的心情。度过寒冷冬日，春日回暖，直到今夜，才感知到春日的气息。原因即是“虫声”的到来。诗人身居屋内，可是虫声像是“穿透”窗纱一般，蓦然响在耳边。虫声一片，展现出勃勃生机，正是春日“新”的象征。从画卷到声音，再到诗人笔下，寥寥数语，达到了诗、画、音合一的效果，一派春夜气息跃然纸上。

背景

本诗描写诗人所见春日夜景，展现出自然又别有雅致的春夜风貌。

名家点评

〔宋〕顾乐：写景幽深，含情言外。(《唐人万首绝句选》)

〔清〕黄叔灿：写意深微，味之绝含毫邈然。(《唐诗笺注》)

韩　愈

韩愈（768—824），字退之，河南河阳（河南孟州）人。韩愈是唐代古文运动的倡导者，被后人尊为“唐宋八大家”之首，与柳宗元并称“韩柳”。他提出的“文道合一”“气盛言宜”“务去陈言”“文从字顺”等散文的写作理论，对后人很有指导意义。韩愈的诗，风格多样，气势雄伟，想象丰富，形象奇特。

新年都未有芳华，二月初惊见草芽

春雪

唐·韩愈

新年都未有芳华，二月初惊见草芽。
白雪却嫌春色晚，故穿庭树作飞花。

注释

芳华：花朵盛开，诗中代指春景。
草芽：春季草新长出的嫩芽。
故穿：故意穿过。

飞花：飞扬的花儿。

简析

这是一首构思新巧、独具风采的七言绝句。刻画春雪，自然无痕，有超以象外、得其环中之妙。

“新年都未有芳华”，已至新年却不见春意之新，芳华全无，一个“都”字看出诗人的失落。“二月初惊见草芽”，一直到了二月惊蛰之时，万物萌动，才隐约看到了新发的草芽，足见诗人对春日的期待和企盼。

“白雪却嫌春色晚，故穿庭树作飞花”，在本该春季的日子，竟然还有白雪飘落。但诗人内心并不忧伤，而是觉得白雪片片亦是春日飞花。白雪的降落是因为“嫌”春日太迟，雪在诗人的笔下有了生命力，而“穿庭树”“作飞花”更是有了动感，白雪飘散像是飞花满天，彰显优美雅致的情趣。诗人企盼春日，也乐于欣赏冬季的余韵，这样的情趣也传递出诗人此时快活悠闲的心境。诗人善用比拟，新颖别致，而写春写雪皆注重自然，不见穿凿，是诗史上写景之佳句。

背景

此诗约作于宪宗元和十年（815）二月初。诗人通过描写初春二月的雪景，传达出愉快轻松的心境。

名家点评

〔清〕刘公坡：作诗实写则易落板滞，空翻则自见灵动。唐诗中韩愈《春雪》一首，可谓极空翻之能事矣。(《学诗百法》)

刘禹锡

刘禹锡（772—842），字梦得，河南洛阳人，有“诗豪”之称。刘禹锡诗文俱佳，涉猎题材广泛，与柳宗元并称“刘柳”，与韦应物、白居易合称“三杰”，并与白居易合称“刘白”。其诗大多自然流畅、简练爽利，有《陋室铭》《竹枝词》《乌衣巷》等名篇传世。

楚客欲听瑶瑟怨，潇湘深夜月明时

潇湘神·斑竹枝

唐·刘禹锡

斑竹枝，斑竹枝，泪痕点点寄相思。
楚客欲听瑶瑟怨，潇湘深夜月明时。

注释

潇湘神：词牌名。传说尧的两个女儿娥皇、女英，嫁给了舜做妻子，舜死后，自投湘水，化为潇湘之神，又称湘妃。潇湘神在唐代是潇湘间祭祀湘妃的曲子。

斑竹：又称湘妃竹，上有斑痕，传说为娥皇、女英洒下的泪痕。

楚客：楚人屈原曾身遭谗言，被放逐外乡，诗中楚客代指诗人自己。

瑶瑟：美好华丽的琴瑟，亦指琴瑟奏出的曲子。

潇湘：潇水、湘水，在楚地。

简析

本词以斑竹枝为咏，具有明显的湘地色彩，且通俗易懂，便于吟唱。

“斑竹枝，斑竹枝，泪痕点点寄相思”，斑竹枝相传为湘妃泪痕所化，上面的斑斑泪痕正是离人的眼泪，寄托着相思和哀愁。“楚客欲听瑶瑟怨”，身居楚地的诗人也是被放逐之人，内心充满失落和痛苦，正与幽怨的琴瑟曲调相投。但是听到这样哀伤的曲调，一定是在“潇湘深夜月明时”。江水急流，夜深月明，诗人孤身听着湘妃的怨曲，落寞失意的形象跃然纸上。

背景

此诗为刘禹锡被贬时所作。诗人被贬官至湖南潇湘地区，想起自己和屈原一样蒙受谗嫉，客居他乡，因而仿潇湘曲的曲调写下此词，传达出诗人内心的愤懑和哀怨。

名家点评

〔近代〕俞陛云：李白诗“白云明月吊湘娥”，与此词之“深夜月明”，同其幽怨。(《唐词选释》)

湖光秋月两相和，潭面无风镜未磨

望洞庭

唐・刘禹锡

湖光秋月两相和，潭面无风镜未磨。
遥望洞庭山水翠，白银盘里一青螺。

注释

相和：相配、相融，这里指水色与月光融为一体。

潭面：湖面。

镜未磨：古代镜子为铜镜，需打磨光亮才能照人。

青螺：诗中指君山。

简析

这是一首咏叹月夜湖光山色的写景诗，情致清奇，诗风秀丽，兼得美景与雅趣。

开篇“湖光秋月两相和”，写夜晚时分湖面波澜微起，水波荡漾闪动着银光，与天上的明月相交融，安详静谧，充满和谐之美。“潭面无风镜未磨”，此句写静景，无风的时候，水面平稳，像是还没有打磨好的镜子，朦胧缥缈。一动一静，洞庭的两种风貌纳入眼底，生机勃勃，相得益彰。

“遥望洞庭山水翠”，诗人向远处看去，洞庭湖山水相依，翠色喜人，赏心悦目。“白银盘里一青螺”，洞庭湖中青翠的君山，就像放在白银盘中的一枚青螺。诗人以“白银盘”比湖水，以“青螺”比山之倒影，不直接写山水美景，而另辟蹊径写山水之影，清新脱俗。

全诗虽无绮丽的辞藻，但将洞庭之景写得富有诗情画意，给人以美的享受。

背景

唐永贞元年（805）秋天，刘禹锡被贬为朗州司马。赴任途中，经过洞庭湖，写下此诗。

春江月出大堤平，堤上女郎连袂行

踏歌词四首（其一）

唐·刘禹锡

春江月出大堤平，堤上女郎连袂行。
唱尽新词欢不见，红霞映树鹧鸪鸣。

注释

踏歌词：踏歌为唐代南方流行的乐歌，边走边唱，唱歌时以脚踏地为节拍。

连袂：指女子并肩携手前行。

鹧鸪：鸟名，叫声嘶哑。

简析

“春江月出大堤平”，写踏歌的季节和时间。春日已至，江水解冻，夜晚一轮皎洁的明月升起，显得河堤格外的平坦。诗句看似写堤岸之平，实则表现的是江面的平缓。由于江水刚刚解冻，水流较慢，月光铺在江面上，视觉上给人以“平”的感受，水面平坦，堤岸才显得宽阔。“堤上女郎连袂行”，河岸上妆容明媚的女子携手前行，相伴踏青欣赏春日风光，由女子的行为写春日之美，清新生动，别有雅趣。

“唱尽新词欢不见”，诗人笔锋一转，歌已唱完，意中人却迟迟未来，女子内心的伤感与前句赏春的欢乐形成强烈的对比。“红霞映树鹧鸪鸣”，尾句写夕阳西下，红色的晚霞与树相映，鹧鸪不时喑哑的嘶鸣，清寂哀艳的气氛萦绕在词句之间。

背景

刘禹锡因永贞革新失败，被贬为朗州（今湖南常德）司马十年。《踏歌词》四首，写于这一时期。

名家点评

〔宋〕顾乐：惘然自失，悠然不尽。(《唐人万首绝句选评》)

〔近代〕俞陛云：踏歌词，每多美人香草之思。此二词之前半首，皆音节谐婉，雅宜维鬟三五，联臂而歌也。(《诗境浅说续编》)

白居易

白居易（772—846），字乐天，号香山居士，又号醉吟先生，原籍山西太原，生于河南新郑，有“诗魔”“诗王”之称。白居易与元稹共同倡导新乐府运动，世称“元白”，与刘禹锡并称“刘白”。白居易的诗歌题材广泛，形式多样，语言平易通俗，代表诗作有《长恨歌》《琵琶行》《卖炭翁》等。

可怜九月初三夜，露似真珠月似弓

暮江吟

唐·白居易

一道残阳铺水中，半江瑟瑟半江红。
可怜九月初三夜，露似真珠月似弓。

注释

瑟瑟：碧绿的颜色。

可怜：可爱。

真珠：珍珠。

简析

此诗为白居易“杂律诗”中的一首，生动形象地描述了傍晚至夜半的景色变化，透露出诗人愉悦豁达的心境。

“一道残阳铺水中”，诗句开篇写傍晚之景，残阳余晖未尽，在江面投射出一道绚丽的光影，像是夕阳铺在水面上。“半江瑟瑟半江红”，在夕阳的映照下，水面呈现出了奇特的景象，一半江水被日暮余光染成红色，另一半则是江水清透的澄绿色，两色交加，景色秀丽多姿。

“可怜九月初三夜”，点明时间到了夜晚，诗人直呼夜色美丽可爱，正是因为“露似真珠月似弓”。露水清澈闪烁，像是珍珠发散出优雅的光辉，上弦月挂在天上，弯弯的形状像是弓弩一般。比喻生动形象，展现出景色不同时段的美感，也隐约透露出诗人愉悦的心理状态。

全诗通过对“露水”和“弯月”的描写，营造出一种宁静安详的氛围，其比喻之精确、形象，令人叹绝。

背景

本诗是长庆元年（821）秋，白居易游长安曲江时所作。

名家点评

〔明〕杨慎：诗有丰韵。言“残阳铺水”，半江之碧，如“瑟瑟”之色；“半江红”，日所映也。可谓工微入画。(《升庵诗话》)

〔近代〕俞陛云：上二句写江天晚景入妙。后二句言一至深宵，新月如弓，正初三之夕；其时露气渐浓，如珠光的皪，正九月之时。夜色清幽，诵之觉凉生袖角。通首皆写景，惟第三句“可怜”二字，略见惆怅之思，如水清愁，不知其着处也。(《诗境浅说续编》)

人间四月芳菲尽，山寺桃花始盛开

大林寺桃花

唐 · 白居易

人间四月芳菲尽，山寺桃花始盛开。
长恨春归无觅处，不知转入此中来。

注释

大林寺：寺名，位于庐山大林峰山，在今江西九江市内。

芳菲：花草盛美之貌，诗中代指花草。

长恨：长久遗憾。

简析

此诗开篇言“人间四月芳菲尽”，点明在孟夏时节，百花逐渐凋零，让诗人觉得似乎春日已尽。而游赏至大林寺，却惊异地发现“山寺桃花始盛开”，山顶风貌与山下完全不同。山寺的桃花仿佛才知春意，刚刚开花，诗人驻足欣赏这一奇景，恍然像是从春意消逝的“人间”到了仙境，把因地理高度不同造成的时节差异写得妙趣横生，充满风韵。

“长恨春归无觅处，不知转入此中来”，此两句抒情。原来春天并没有走远，只是自己不知道它悄悄躲到这高山古寺中来了。诗人对春天的珍惜、留恋之情，都在这两句诗中得到了体现。

这首诗清新隽永，主题新颖，构思巧妙，读来意味深长。

背景

本诗作于元和十二年（817）四月，描述了山寺与山下时节相差的自然奇趣，新颖别致。

名家点评

〔清〕宋长白：白香山与元集虚十七人游庐山大林寺，时已孟夏，见桃花盛开，乃作诗曰："人间四月芳菲尽……"梅花尼子行脚归，有诗曰："着意寻春不见春，芒鞋踏破岭头云。归来笑捻梅花嗅，春花枝头已十分。"二绝可谓得禅机三昧矣。(《柳亭诗话》)

独出前门望野田，月明荞麦花如雪

村夜

唐·白居易

霜草苍苍虫切切，村南村北行人绝。
独出前门望野田，月明荞麦花如雪。

注释

霜草：霜降后的秋草。

苍苍：指草灰白色的样子。

切切：象声词，形容声音轻细而急促。

野田：即田野。

荞麦：农作物，花开为白色。

简析

“霜草苍苍虫切切”，乡村的夜晚一片冷清，被霜打过的野草蔫蔫的连成一片，灰白的颜色看起来了无生机。虫声轻促，诗人写虫声之轻，衬托出夜晚之静。乡间夜晚人声寥寥，昆虫的轻鸣都能传入耳中。“村南村北行人绝”，从村南到村北，白日热闹喧嚣的景象在夜间不见踪迹，路上没有行人，更无人声，一片寂然。

“独出前门望野田”，“独”为本诗的诗眼，诗人走出庭院，孤身一人看着门前的田野，在前面行人寥寥、霜草衰败景象的铺垫下，“独”点出诗人并非饶有兴致，其内心是孤独空寂的。如墨的夜色下，“月明荞麦花如雪”，月光明亮，田野中荞麦花都开了，月光映照着一片白色的花海，像雪一般，显得更加干净清透。

全诗语言朴实无华，没有辞藻的堆砌，将常见的乡村夜晚写出了别样的味道，含蓄而真切地透露出诗人哀伤孤寂的心境。

背景

唐宪宗元和六年（811），白居易母亲去世。白居易回家守孝。这首诗就创作于他为母亲守孝期间。

名家点评

〔清〕王士禛：稻花、豆花、麦秀、黍离，皆以入诗。荞麦为五谷最下之品，而其花殊娇艳。唐人诗云：“日落鸦飞散，满庭荞麦花。”荞麦自田野间物，讵可植之庭中？……白乐天诗“独出前门望野田，月明荞麦花如雪”，差不谬耳。（《带经堂诗话》）

松排山面千重翠，月点波心一颗珠

春题湖上

唐 · 白居易

湖上春来似画图，乱峰围绕水平铺。
松排山面千重翠，月点波心一颗珠。
碧毯线头抽早稻，青罗裙带展新蒲。
未能抛得杭州去，一半勾留是此湖。

注释

乱峰：参差不齐的山峰。

波心：水波中心，指水面中央的位置。

碧毯：碧绿的毯子，诗人以此比喻铺满田野的绿色作物。

新蒲：新生长出的蒲草。

勾留：逗留、挽留。

简析

西湖美景惹人醉，古往今来不少文人骚客都在此久久驻足，不忍离去。这首诗主要描绘西湖春景。

“湖上春来似画图，乱峰围绕水平铺”，首联写西湖春日的风光像是一幅美丽的画卷，周遭丛山环绕，一潭湖水安处其间。“松排山面千重翠，月点波心一颗珠”，写山间多植松树，一排一排整齐地列在山坡上，像是几千层绿色叠加在一起，翠色欲滴，可见春日之明媚。而明月升起之后，水面波纹荡漾，在水波的中央映照出一颗璀璨的珍珠，生动雅致，月之光彩尽显其中。

除了山水风光，诗人也不忘观察春日的农事。“碧毯线头抽早稻，青罗裙带展新蒲”，遍野的绿色是田间的稻苗，像铺上了绿色的毯子，而早稻的抽穗像是毯子上的线头一般，引人注目。新长的蒲草围绕着湖水，像是一条青色的丝带，充满自然意趣。置身这样的美景之中，诗人不禁感慨：“未能抛得杭州去，一半勾留是此湖。”诗人自言离不开杭州，有一半都是因为这美丽的西湖。西湖风光挽留着诗人离去的脚步，不舍之情尽在其中。

背景

本诗作于长庆四年（824）春，白居易即将离开杭州时。白居易此前担任杭州刺史，任职期满，对杭州的风土人情恋恋不舍，从而写下此诗，表达了对杭州美景的喜爱和依恋。

名家点评

〔清〕王尧衢：以“湖”字起结，奇极。“一半勾留”，湖未尝留人，而人自不能抛舍。兴之所适也；然亦只得“一半”，那一半当别有瞻恋君国去处，若说全被勾留，岂不是个游春郎君，不是白傅口中语矣。(《古唐诗合解》)

风吹古木晴天雨，月照平沙夏夜霜

江楼夕望招客

唐·白居易

海天东望夕茫茫，山势川形阔复长。
灯火万家城四畔，星河一道水中央。
风吹古木晴天雨，月照平沙夏夜霜。
能就江楼消暑否？比君茅舍较清凉。

注释

招客：招呼友人。

四畔：四方、四边。

平沙：轻薄的沙地。

消暑：消夏，解热。

简析

“海天东望夕茫茫，山势川形阔复长”，首句点出“夕”“望”二字。站在高楼远望，江楼东侧的钱塘江浪潮奔涌，视野尽头海天相接，映照着夕阳的余光，开阔壮丽。江水两岸山川形势随江而变，宽阔绵延，呈现出伟岸磅礴的气派。

“灯火万家城四畔，星河一道水中央”，望向城内，四方城内千家万户灯火通明，四方城外江水奔流，澄澈的水映出了天上的星辰，像是星河沉落在水中央，光彩炫目，瑰丽至极。

“风吹古木晴天雨，月照平沙夏夜霜”，夏夜在江楼上闲坐，清凉的微风吹拂，楼边古树的树叶沙沙作响，像是晴天里下起了清爽的雨。月光透亮，照在白色的沙滩上像是夏夜里结出了寒霜，视觉上、听觉上都给人以“凉”的感受。

“能就江楼消暑否？比君茅舍较清凉”，尾联诗人发出真挚的邀请，江楼夏夜清凉，完全胜过闷热的茅舍，质朴清新，凉意沁人。

全诗境界阔大，结构浑成，无一句语意不从容，无一字音节不响亮。

背景

此诗约作于长庆三年（823），其时白居易为杭州刺史。诗人在江楼远眺，开阔的景色和清凉的夏夜给诗人带来了莫大享受，因此写下此诗，邀请好友一同游赏。

名家点评

〔清〕方东树：起点叙。次句中联皆夕望中景。“招客”收。姚先生摘末句云：“俚俗不可耐。”愚谓此尚无妨，清切有真趣，较《夜归》末句富贵气象为优。(《昭昧詹言》)

贾 岛

贾岛（779—843），字阆仙，自号“碣石山人”，唐朝河北道幽州范阳县（今河北省涿州）人，与孟郊并称“郊寒岛瘦”。其诗语言清淡朴素，以铸字炼句取胜，刻意求工。题材窄狭，缺少社会内容，多为写景、送别、怀旧之作，情调偏于荒凉凄苦。

鸟宿池边树，僧敲月下门

题李凝幽居

唐·贾岛

闲居少邻并，草径入荒园。
鸟宿池边树，僧敲月下门。
过桥分野色，移石动云根。
暂去还来此，幽期不负言。

注释

李凝：诗人好友，隐居于山中。

幽居：幽深的居所，指李凝的住处。

邻并：指邻居。
野色：山野景色。
云根：云起之处，常指山中之石。
幽期：隐居的约定。

简析

此诗描写了诗人贾岛访友不得，在山中所见的夜景，既有“幽”之静，也有“敲”之动，动静相宜，传达出隐逸之趣。

“闲居少邻并，草径入荒园”，首联即一派隐居景象，周围少有邻居，门庭冷清，杂草小径蜿蜒没入荒草丛生的园子，无人无声，烘托出“静”的氛围。

“鸟宿池边树，僧敲月下门”，颔联忽写动景，鸟儿在池边树上停歇，月光照亮了山寺大门，而僧人敲响了寺门，静谧的画卷中忽然有了声音和活动，动静相配，十分传神。

“过桥分野色，移石动云根”，颈联可见诗人用词考究。行过桥头，发现桥像是将山野美景分割成两块；移开石头，缭绕的云气忽然飘走，像是断了云根。

在这美景之中，诗人说“暂去还来此，幽期不负言”，即还会再来此地，绝不会辜负隐居的誓言。层层景色铺垫下，尾联写情，传达出诗人对幽居隐逸生活的憧憬。

背景

此为诗人贾岛访友未成，有感而发的即兴之作，表达了对幽居隐逸生活的向往。

名家点评

〔清〕王夫之：若即景会心，则或“推”或“敲”，必居其一，因景因情，自然灵妙，何劳拟议哉！(《姜斋诗话》)

〔清〕吴乔：“鸟宿池边树，僧敲月下门”，写得幽居出。(《围炉诗话》)

〔清〕范大士：脍炙人口久矣，读之光彩如新。(《历代诗发》)

流星透疏木，走月逆行云

宿山寺

唐·贾岛

众岫耸寒色，精庐向此分。
流星透疏木，走月逆行云。
绝顶人来少，高松鹤不群。
一僧年八十，世事未曾闻。

注释

众岫：众山。

耸：形容山之高耸。

精庐：诗中指佛寺。

流星：流动的星星。

走月：行走的月亮，指月亮在天空的移动。

不群：指鹤不成群而居。

简析

这首诗写诗人夜宿山寺的观感。

“众岫耸寒色，精庐向此分”，此两句旨在突出佛寺之高。肃杀时节，群山环抱之间一片清寒景色，云雾缭绕中，一座佛寺坐落在内，像是分开了山顶的景色。站在山顶望向夜空，“流星透疏木，走月逆行云”，星辰和月亮的位置不断变化，透过稀疏的树枝，星星好像是水一样流动的，月亮逆着云彩的方向前行。古诗中夜景的描写不计其数，但诗人笔下的星月别有意趣，生机盎然。

“绝顶人来少，高松鹤不群”，山高路远，山顶上人迹罕至，松树高耸入云，树下出现单只的野鹤，像是古书中描述的仙境一般，呈现出一派宁静悠远的氛围。“一僧年八十，世事未曾闻”，尾联写僧人已经八十高龄，却从未听闻时事，可见山之高、寺之偏、人之寥。山中之人不闻人世，将山寺远离俗世红尘、高雅孤绝的环境生动地展现出来，孤而不怨，幽而不寂，充满安定寂静的禅意。

背景

贾岛曾出家为僧，在佛寺中度过了少年时光，对于山林佛寺有着特殊的感情，诗作中也透露出高洁清雅的禅意。

名家点评

〔清〕何焯：“寒色”是暮，又是在绝顶也。又云：结句亦欲弃人事而从之避世也。句句精绝超绝，神仙中人。(《唐三体诗评》)

〔清〕沈德潜：顺行云则月隐矣，妙处全在“逆”字。(《唐诗别裁》)

李 贺

李贺（约791—约817），字长吉，唐代河南福昌（今河南洛阳宜阳县）人，有“诗鬼”之称。李贺的诗作想象极为丰富，经常通过神话传说来托古寓今。其诗刻意锤炼语言，造语奇隽，凝练峭拔，色彩浓丽。代表诗作有《雁门太守行》《李凭箜篌引》等。

大漠沙如雪，燕山月似钩

马诗二十三首（其五）

唐·李贺

大漠沙如雪，燕山月似钩。
何当金络脑，快走踏清秋。

注释

燕山：即燕然山，常代指征战对象。
金络脑：黄金做的马络头。
清秋：清冷的秋天。

简析

这首诗采用比兴手法，诗人托以咏马，写边关特有的辽远景象。“何当”一句以骏马自比，咏马中蕴含着诗人快意雄壮的内心世界。

“大漠沙如雪，燕山月似钩”，首句写茫茫大漠中，沙子似雪一般堆积，远处的燕然山上，弯月如钩挂在山侧。本是空旷荒凉的边塞景致，却被诗人写出了典雅优美的意境，可见诗人内心的向往。边塞是诗人的理想寄托，所以不见苦寒孤寂，而是别有一番辽远豪迈的气韵。

“何当金络脑”，骏马佩戴上金络头，代表着马的神勇和被重用。对于求仕坎坷的诗人来说，需要的就是慧眼识马的伯乐。马儿一旦得到重用，就能“快走踏清秋”，雅致间更显豪情。诗人如能得到赏识，定会立身边关，实现报国之志。虽含蓄托以咏马，但可见诗人内心深处不甘于平庸的理想追求和深切的爱国之情。

背景

此诗为李贺所作组诗《马诗》一组中的第五首。李贺被后人称为“诗鬼”，诗风奇诡充满想象。诗人仕途不顺、怀才不遇，以骏马自喻，表达了诗人渴望投身边塞、建功立业的豪情壮志。

名家点评

〔清〕姚文燮：边氛未靖，奇才未伸。壮士于此，不禁雄心跃跃。(《昌谷集注》)

鹊辞穿线月，花入曝衣楼

七夕

唐·李贺

别浦今朝暗，罗帷午夜愁。
鹊辞穿线月，花入曝衣楼。
天上分金镜，人间望玉钩。
钱塘苏小小，更值一年秋。

注释

别浦：诗中代指天上的银河。

罗帷：丝罗的帷幔。

穿线月：七夕又称乞巧节，妇女们用彩线穿针，诗中指月下穿线的妇女。

曝衣楼：皇宫中帝后于七月七日曝衣之处，诗中代指相会场所。

金镜：喻指圆月。

玉钩：喻指弯月。

苏小小：钱塘名妓，诗中代指所怀念之人。

简析

这首诗借咏七夕写相思之情，措辞委婉，情致缠绵。

“别浦今朝暗，罗帷午夜愁”，天上的银河今日暗淡，地上的帷帐里也有人深夜苦闷。“鹊辞穿线月，花入曝衣楼”，为了织女牛郎的团圆，天上喜鹊从月亮下飞过化成相聚的鹊桥，人间曝衣楼里也曾花开正艳，渲染出情人相会的欣喜。

“天上分金镜，人间望玉钩”，但七夕一年只有一度，过了今夜，天上就要逐渐月圆，牛郎织女就不得不再次分别；人间的情人在今日过后，也只能各自望着如钩弯月，思忆离别的爱侣。“钱塘苏小小，更值一年秋”，想要与相爱的情人相会，就必须孤独地等待一年，诗人却想，只要能够相逢，这一年的等待也是值得的。天上相聚，人间团圆，诗人借七夕传达出美好的祝愿。

背景

此诗为唐代诗人李贺托以七夕节所作，诗人借七夕鹊桥相会、妇女乞巧等风俗，表达了人间未能团圆的感伤之情。

名家点评

〔明〕曾益：俗相传谓七夕天河隐，故曰“暗”，唯暗则愁。又七夕后乌鹊还，故曰“辞”。分、望，以未圆也。七夕乞巧，皆妇人事，故曰“罗纬”，曰“穿针”，曰“曝衣”，曰“金镜”“玉钩”。末言苏小小，名娼也。昔曾对月穿针为乞巧之事，今何在乎？人事代谢而七夕屡更，其寄慨深矣。（《昌谷集注》）

杜 牧

杜牧（803—约852），字牧之，号樊川居士，京兆万年（今陕西西安）人。杜牧因晚年居长安南樊川别墅，故后世称“杜樊川”。杜牧的诗歌以七言绝句著称，内容以咏史抒怀为主，其诗英发俊爽，多切经世之物，在晚唐成就颇高。杜牧人称“小杜”，以别于杜甫，与李商隐并称“小李杜”。

沧江好烟月，门系钓鱼船

旅宿

唐 · 杜牧

旅馆无良伴，凝情自悄然。
寒灯思旧事，断雁警愁眠。
远梦归侵晓，家书到隔年。
沧江好烟月，门系钓鱼船。

注释

凝情：指诗人冥想心事。

悄然：心情忧郁。

断雁：离群之雁。

侵晓：指天快亮的拂晓时分。

隔年：次年，第二年。

沧江：青色的江水。

简析

这是一首羁旅怀乡之作。

“旅馆无良伴”，诗人孤身羁旅，漂泊四方，好友都相隔甚远，夜间宿于旅舍无人聊天解闷。“凝情自悄然”，独自回想这一路的风霜跌宕，不免暗自悲伤忧愁。

“寒灯思旧事，断雁警愁眠”，窗外夜色深重，屋内烛火昏暗，诗人坐在旅舍一角，旧日往事一幕幕浮上心头，今夜陪伴诗人入眠的，只有这厚重的回忆。辗转迷离之间，窗外忽然传来一声孤雁的哀鸣，惊醒了诗人朦胧的梦境。诗人梦境中满是愁思，想到自己与失群的大雁一样，不免悲切更深。

“远梦归侵晓，家书到隔年”，诗人梦见遥远的故乡，但梦境总会结束，梦醒时分又是天明，又将踏上奔波的旅途。想要写封家信寄给远方的亲人，无奈山高路远，等到家信寄到手中，已经是隔了一年了。思乡之情在诗人笔下更添了几分无奈和哀伤。

“沧江好烟月，门系钓鱼船”，尾联写诗人虽身在旅舍，但神思已远远地飞到了家乡。家乡江水青碧，烟雾笼罩着月亮，河溪穿城而过，在这朦胧含蓄的想象中，诗人的愁思达到了极点。

背景

此诗当为杜牧旅居江西时所作，描述了夜晚旅舍内，诗人孤枕难眠，不由想念起家乡和亲人，情感凄婉真切。

烟笼寒水月笼沙，夜泊秦淮近酒家

泊秦淮

唐·杜牧

烟笼寒水月笼沙，夜泊秦淮近酒家。
商女不知亡国恨，隔江犹唱后庭花。

注释

秦淮：即秦淮河。

商女：卖唱为生的歌女。

后庭花：即《玉树后庭花》，相传为南朝亡国之君陈叔宝所作。

简析

这首诗抒发感时忧愤之情。

“烟笼寒水月笼沙”，开篇写景，描述了夜晚月亮升起，江边水雾萦绕下，江水和沙滩像是笼上了一层面纱。“笼”字形象生动，将月亮与江水之美刻画得缱绻细腻。“夜泊秦淮近酒家”，此句叙事，点明时间、地点。诗人此时刚至金陵，停船之处近于一处宴会酒舍，因而能听清楚商女歌唱的内容。

“商女不知亡国恨，隔江犹唱后庭花”，这两句写诗人听商女唱后庭遗曲所引发的感慨。听到靡靡华丽的《后庭花》的曲调，诗人不免想到这是历史上南陈后主所作。当时隋朝士兵已经攻打至江对岸，沉溺于贪欢享乐的陈后主还不知亡国已至。诗人想到昔日强盛的大唐王朝如今已危机四伏、日薄西山，而官僚贵族依然过着纸醉金迷的生活，不由得悲从中来。这两句诗表面上在嘲讽商女，其实是笑骂荒淫昏庸的统治者。“犹唱”二字意味深长，巧妙地将逝去的历史、颓败的现实和想象中的未来联系起来，表现出诗人对唐朝命运的关切和忧虑。

背景

此诗为杜牧旅经金陵时所作，国运衰颓，而官吏富商们只顾贪图享乐，诗人借南陈灭亡的历史警醒世人，传达出诗人对国家的关切和思考。

名家点评

〔清〕吴瑞荣：盱目刺怀，含毫不尽。“千里枫树烟雨深，无朝无暮听猿吟”，凄不过此。(《唐诗笺要》)

〔近代〕俞陛云：《后庭》一曲，在当日琼枝璧月之场，狎客传笺，纤儿按拍，无愁之天子，何等繁荣！乃同此珠喉清唱，付与秦淮寒夜，商女重唱，可胜沧桑之感？……独有孤舟行客，俯仰兴亡，不堪重听耳。(《诗境浅说续编》)

停车坐爱枫林晚，霜叶红于二月花

山行

唐 · 杜牧

远上寒山石径斜，白云生处有人家。
停车坐爱枫林晚，霜叶红于二月花。

注释

寒山：指寒秋季节之山。

坐：因为，由于。

霜叶：即指枫叶，因霜降后变红而得名。

二月花：诗人以二月花强调颜色鲜艳。

简析

这首诗描写和赞美了深秋山林景色。山路、人家、白云、红叶，构成了一幅和谐统一的画面。

“远上寒山石径斜”，写寒秋时分，诗人乘车在弯弯曲曲的山间小路上前行，“远”“斜”生动地展示出山之高、路之崎岖，下笔精巧，不着痕迹。“白云生处有人家”，山高路远，白云飘荡其间，在云雾缭绕之下，隐约还可看到房屋。诗人描述所见山景，仅写一眼之所见，像画作中“留白”一样，给人丰富的想象空间。

“停车坐爱枫林晚”，诗人在山间赶路却突然停下车舆，乃是因为藏在深山中的枫叶。深秋季节，山间枫叶染红，傍晚时分的山风袭裹下，一山红叶摇动，诗人忽见此景，忍不住停车观赏，久久沉醉，并发出“霜叶红于二月花”的感叹。秋日不仅有哀伤萧瑟，在诗人笔下更展现出热烈而勃发的生命力。

全诗构思新颖，布局精巧，于萧瑟秋风中摄取绚丽的秋色，令人赏心悦目。

背景

本诗为诗人杜牧所作，描述了一幅醉人的秋日山林画卷。“停车坐爱枫林晚，霜叶红于二月花”为广为流传的名句。

名家点评

〔清〕黄叔灿："霜叶红于二月花"，真名句。诗写山行，景色幽邃，而致也豪荡。(《唐诗笺注》)

〔近代〕俞陛云：诗人之咏及红叶者多矣，如"林间暖酒烧红叶""红树青山好放船"等句，尤脍炙词坛，播诸图画。唯杜牧诗专赏其色之艳。谓胜于春花。当风劲霜严之际，独绚秋光，红黄绀紫，诸色咸备，笼山络野，春花无此大观，宜司勋特赏于艳李秾桃外也。(《诗境浅说续编》)

仙掌月明孤影过，长门灯暗数声来

早雁

唐·杜牧

金河秋半虏弦开，云外惊飞四散哀。
仙掌月明孤影过，长门灯暗数声来。
须知胡骑纷纷在，岂逐春风一一回？
莫厌潇湘少人处，水多菰米岸莓苔。

注释

金河：地名，在今内蒙古呼和浩特市南。

仙掌：汉武帝为求仙，在建章宫造仙人以承仙露，简称为仙掌。诗中代指宫廷。

长门：汉武帝时皇后陈阿娇被废长门宫，常代指冷宫。

胡骑：胡人的军队。

潇湘：指潇水、湘水地区，大致指今湖北、湖南等地。
菰米：水中植物菰的果实，形状像米，可以食用。
莓苔：植物，果实为红色团状颗粒。

简析

这是一首咏物诗。诗人借咏雁，表达了漂泊思念、忧心塞外的感受。

“金河秋半虏弦开，云外惊飞四散哀”，首联点明时间、历史事件，交代了诗的写作背景和缘由。北方秋日未过，忽然听得胡人的弓弦声，大雁纷纷惊散，一时间哀声不绝。诗句明写“早雁”，实则喻指边关生活的百姓，在胡人入侵后惊慌逃离的情状。

“仙掌月明孤影过，长门灯暗数声来”，颔联意境凄凉。战火面前，大唐却是一幅衰颓景象。大雁的身影、哀鸣传入宫中，可宫中只有月色下孤寂的仙掌和暗淡的长门宫灯火，凄冷哀切。

“须知胡骑纷纷在，岂逐春风一一回”，颈联写此时北方胡人已经纷纷南下入侵中原，而大唐却无力捍守国土，保护百姓的安全。“春风”是比喻修辞，比喻朝廷抗击敌寇驱逐入侵的大好形势。含蓄的抒情，表达了诗人对朝廷的期盼。

“莫厌潇湘少人处，水多菰米岸莓苔”，诗人所在的潇湘地区，虽然人烟稀少不甚富裕，但是至少还有菰米、莓苔等大雁的食物。这里的大雁代表的是流离失所的边疆人民，尾联表现了作者对他们的同情，也暗含着对朝廷冷漠对待战争的痛苦和无奈。

背景

唐武宗会昌二年（842）八月，北方边塞外的回鹘族侵犯唐朝边境，导致百姓流离失所。杜牧当时在黄州担任刺史，闻此战乱非常愤慨，写下了这首诗。

名家点评

〔清〕金圣叹：此诗慰谕流客，且安侨寓，未可谋归也。前解，追述其来。后解，婉止其去。(《选批唐诗六百首》)

〔清〕贺裳：《早雁》诗曰："仙掌月明孤影过，长门灯暗数声来。"光景真是可思。但全篇唯"金河秋半"四字稍切"早"字，余皆言矰缴之惨，劝无归还，似是寄托之作。(《载酒园诗话又编》)

温庭筠

温庭筠（约812—约866），本名岐，字飞卿，唐代并州祁县（今山西晋中祁县）人。温庭筠精通音律、工诗，与李商隐齐名，时称“温李”。其诗辞藻华丽，浓艳精致，内容多写闺情。其词艺术成就在晚唐诸词人之上，为“花间派”重要词人，对词的发展影响较大。在词史上，与韦庄齐名，并称“温韦”。其词作更是刻意求精，注重词的文采和声情，被尊为“花间词派”之鼻祖。

鸡声茅店月，人迹板桥霜

商山早行

唐 · 温庭筠

晨起动征铎，客行悲故乡。
鸡声茅店月，人迹板桥霜。
槲叶落山路，枳花明驿墙。
因思杜陵梦，凫雁满回塘。

注释

商山：山名，在今陕西商洛市。

征铎：远行车马所挂的铃铛。

茅店：即茅舍，用茅草盖成的旅舍。

板桥：石板铺成的桥。

槲叶：槲树的叶子。

枳花：枳树开的花，白色。

杜陵：地名，诗中代指长安。

凫雁：野鸭和大雁。

回塘：曲折的池塘。

简析

这首诗写初春时早行所见，而羁旅之感溢于言表。

“晨起动征铎，客行悲故乡”，开篇即讲出行，通过“晨起”“征铎”点明诗人旅居在外，身在外地而思念故乡。“鸡声茅店月，人迹板桥霜”，颔联写晨起所见，残月还未落尽，在茅屋附近响起了鸡鸣，石板桥上昨夜降下的白霜，已经有了行人的车马痕迹，旅人情状在此间展露无遗。诗人在这一联中用十字描写六景，鸡声、茅店、月、人迹、板桥、霜组合在一起，朦胧清寒的意境油然而生。

“槲叶落山路，枳花明驿墙”，山间除了旅人，还有槲树落叶铺满山路，枳树花开掩映在驿站墙边，天色不及枳花明亮，意境优美典雅。

“因思杜陵梦，凫雁满回塘”，尾联写诗人的思绪，诗人沉醉于昨夜身在家乡的梦境，野鸭、大雁浮游在池塘上，一片闲适风光。如此美景，诗人怎能不思念家乡？

这首诗情景交融，环环紧扣，字字珠玑，浑然天成。“鸡声茅店月，人迹板桥霜”为千古名句。

背景

宣宗大中末年，诗人离开长安，途经商山，写下此诗。

名家点评

〔宋〕魏庆之：如“鸡声茅店月，人迹板桥霜”，则羁旅穷愁，想之在目。(《诗人玉屑》)

〔清〕盛传敏：三四非行路之人不知此景之真也。论章法，承接自在；论句法，如同吮出。描画不得者，偏能写得。句句早行，故妙。(《碛砂唐诗纂释》)

云边雁断胡天月，陇上羊归塞草烟

苏武庙

唐 · 温庭筠

苏武魂销汉使前，古祠高树两茫然。
云边雁断胡天月，陇上羊归塞草烟。
回日楼台非甲帐，去时冠剑是丁年。
茂陵不见封侯印，空向秋波哭逝川。

注释

苏武：汉武帝时人，壮年时曾出使匈奴，匈奴扣押其十九年而不降，回到汉朝时已是暮年。“苏武牧羊”的故事流传甚远。

汉使：汉朝的使者。

陇上：泛指今陕北、甘肃及其以西一带。

甲帐：汉武帝所造的帐幕。

丁年：指男子成年、壮年。

茂陵：汉武帝刘彻的陵墓。

封侯印：代指功名利禄。

逝川：孔子有言“逝者如斯夫，不舍昼夜”，后常以逝川喻指逝去的光阴。

简析

这首诗为诗人凭吊苏武庙之后所作，怀古伤今的浓郁情思充盈全篇。

“苏武魂销汉使前，古祠高树两茫然”，首联先叙诗人遥想当年苏武归国时的悲伤和激动，继而笔锋一转，今日只有祠堂大树相互依傍，朝代更迭，物是人非。“古”“高”二字，道出了年代的久远，透露出诗人的追思崇敬之情。

“云边雁断胡天月，陇上羊归塞草烟”，此联追思了苏武当年的生活。苏武在匈奴苦寒之地坚守十九年之久，与家乡亲人毫无音信往来，传书的鸿雁折断在胡地的天空，月色清冷，更显凄凉哀切的氛围。

“回日楼台非甲帐，去时冠剑是丁年”，颈联写苏武归来后的感慨。等到苏武回到汉朝的土地上，昔日战火高扬的地方，修起了亭台楼阁，汉匈已不再交战。出使匈奴时还是佩剑英勇的少年，归来时已变成了近于暮年的老翁。“甲帐”对“丁年”，工整贴切。以“去时”反衬“回日”，更能引起共鸣。

“茂陵不见封侯印，空向秋波哭逝川”，尾联写当年任命他的汉武帝已入土，苏武只能向滔滔江水哭诉年华的老去，在风云变幻的大历史面前，人的一生何其短暂，又何其凄切！

全诗层次清晰、明朗，感情深挚，意味隽永。

背景

此诗为温庭筠在苏武庙的怀古之作，歌颂了苏武坚贞不屈、忠心爱国的美好品质，也对苏武年华逝去、未能一展抱负的人生经历表达了同情。

名家点评

〔宋〕刘克庄：温飞卿《苏武庙》云：“回日楼台非甲帐，去时冠剑是丁年。”“甲帐”是武帝事，“丁年”用李陵书“丁年奉使，皓首而归”之语，颇有思致。(《后村诗话》)

〔清〕沈德潜：五、六与“此日六军同驻冯”一联，俱属逆挽法，律诗得此，化板滞为跳脱矣。(《唐诗别裁》)

李商隐

李商隐（约813—约858），字义山，号玉溪生，又号樊南生，祖籍怀州河内（今河南焦作沁阳），晚唐著名诗人。和杜牧合称“小李杜”，与温庭筠合称为“温李”。其诗构思新奇，风格秾丽，尤其是一些爱情诗和无题诗写得缠绵悱恻，优美动人，广为传诵。但部分诗歌过于隐晦迷离，难于索解。

晓镜但愁云鬓改，夜吟应觉月光寒

无题

唐·李商隐

相见时难别亦难，东风无力百花残。
春蚕到死丝方尽，蜡炬成灰泪始干。
晓镜但愁云鬓改，夜吟应觉月光寒。
蓬山此去无多路，青鸟殷勤为探看。

注释

蜡炬：蜡烛。

晓镜：指早上照镜子。

云鬓：形容女子头发丰美，如云一般。

蓬山：蓬莱山，传说中的海上仙山。

青鸟：传说中为西王母取食传信的神鸟。

简析

“相见时难别亦难”，开篇即言情之“难”，定下了全诗的忧伤基调。相见难，分离也难，心里的悲伤反映在外界，就是“东风无力百花残”，只见一片凋零景象。春意喧闹的时节已经过去，现在风已经无力再吹，花也无力盛开。寓情于景，烘托出悲伤哀怨的气氛。

“春蚕到死丝方尽，蜡炬成灰泪始干”，两句比拟将悲伤缠绵的情绪进一步抒发出来。春蚕吐丝，蜡烛燃泪，皆是至死方休，虽灭不悔。既可见爱情之缠绵忧伤，亦可见爱情之执着坚贞。

“晓镜但愁云鬓改，夜吟应觉月光寒”，早晨梳妆照镜，容颜憔悴；夜晚游玩吟诗，深感寒意，“应”字点出“寒”非月光之“寒”，而是心内的痛苦忧伤。

“蓬山此去无多路，青鸟殷勤为探看”，前言皆为伤忧，末两句则透露出希望之意。虽然蓬莱难至，但有青鸟传信探察，隐隐已有相见之意，表达了对爱人深切的思念和期盼。

全诗意境凄迷若幻，感情哀婉动人，语言巧妙奇丽，意蕴深刻。

背景

此诗为李商隐所作《无题》组诗中的一首，就内容而言，应为缠绵悱恻的爱情诗。

名家点评

〔清〕陆昆曾：八句中真是千回万转。(《李义山诗解》)

〔清〕孙洙：一息尚存，志不少懈，可以言情，可以喻道。(《唐诗三百首》)

〔清〕梅成栋：镂心刻骨之词。千秋情语，无出其右。(《精选七律耐吟集》)

沧海月明珠有泪，蓝田日暖玉生烟

锦瑟

唐·李商隐

锦瑟无端五十弦，一弦一柱思华年。
庄生晓梦迷蝴蝶，望帝春心托杜鹃。
沧海月明珠有泪，蓝田日暖玉生烟。
此情可待成追忆？只是当时已惘然。

注释

锦瑟：瑟为中国古代乐器之一，有二十五弦，支撑琴弦的叫琴柱，诗中的“柱”即指琴柱。锦瑟指华丽美好的瑟。

华年：即年华。

庄生：此处指“庄生梦蝶”典故，庄子做梦，梦见化身蝴蝶，醒来后不知蝴蝶梦为庄生，还是庄生梦为蝴蝶，出自《庄子·齐物论》。

望帝：此处指“杜鹃啼血”典故，蜀帝杜宇号曰望帝，让位于臣，死后化为杜鹃，声声哀鸣啼血。

蓝田：地名，以盛产玉石闻名。

简析

这首诗运用象征、烘托等多种表现手法，笔调蕴藉，语言清丽，情思凄婉。

“锦瑟无端五十弦，一弦一柱思华年”，首联由咏物入手，锦瑟只有二十五弦，但看着锦瑟时，琴弦和琴柱都承载着对过去的追忆，像是凭空又多了二十五弦一般。

“庄生晓梦迷蝴蝶，望帝春心托杜鹃”，颔联借“庄生梦蝶”和“杜鹃啼血”两个典故，既有爱情开始时的如梦似幻，也有结束后痛入心髓的悲切。

“沧海月明珠有泪，蓝田日暖玉生烟”，颈联对仗工整，以沧海月明、蓝田日暖烘托“珠有泪”“玉生烟”，珍珠如泪，玉气如烟，爱情的缥缈虚幻在此句间被烘托出来。

“此情可待成追忆？只是当时已惘然”，尾联直抒胸臆，呼应首句“思华年”，前述追忆久长缥缈，哀怨悲痛，长长的追忆最后只能归于一句“惘然”，情之深长最终只剩一人悔恨。以轻收尾，反衬情之深厚，可见诗人笔力之精到。

背景

这首诗诗意迷离，主旨也难有定论，一般认为是爱情诗。

名家点评

〔清〕陆次云：义山晚唐佳手，佳莫佳于此矣。意致迷离，在可解不可解之间，于初盛诸家中得未曾有。三楚精神，笔端独得。(《五朝诗善鸣集》)

青女素娥俱耐冷，月中霜里斗婵娟

霜月

唐·李商隐

初闻征雁已无蝉，百尺楼高水接天。
青女素娥俱耐冷，月中霜里斗婵娟。

注释

征雁：指迁徙的大雁。

青女：中国传说中掌管霜雪的仙女。

素娥：仙女之名，即传说之嫦娥。

婵娟：形容样子美丽明媚，古代常代指明月。

简析

本诗以“霜月”为题，借景抒情，借典寄怀。

“初闻征雁已无蝉”，开篇点明时令，刚能听到南飞大雁的鸣叫，蝉声已没不可闻，可知此时已是深秋。“百尺楼高水接天”，点明地点，是在高楼上赏月，楼上眺望水天相接，美不胜收。诗人写时写景，却意不在此，诗中主题是“霜月”，引出“青女素娥俱耐冷，月中霜里斗婵娟”。青女是传说中的霜神，素娥是传说中的月神，诗人借青女、素娥容颜互较，而喻霜、月之美不相上下。在寒夜之中，诗人在高楼上赏得“婵娟”之美，霜之冷与月之明交融，传达出清远高洁的气氛，霜月景色显得干净清新，不落俗套。

本诗采用虚实结合的写法，前两句写环境背景，后两句想象、议论，自出机杼，别见新奇。

背景

此诗为李商隐所作七言小诗，借助司霜之女神青女与月中仙子嫦娥斗美比洁的假想，抒发个人怀抱。

名家点评

〔宋〕杨万里：五七字绝句最少而最难工，虽作者亦难得四句全好者，晚唐人与介甫最工于此。如李义山忧唐之衰，云："夕阳无限好，只是近黄昏。"如"青女素娥俱耐冷，月中霜里斗婵娟"，如"芭蕉不展丁香结，同向春风各自愁"，如"莺花啼又笑，毕竟是难春"……皆佳句也。(《诚斋诗话》)

〔清〕张文荪：托兴幽渺，自见风骨。(《唐贤清雅集》)

阶下青苔与红树，雨中寥落月中愁

端居

唐·李商隐

远书归梦两悠悠，只有空床敌素秋。
阶下青苔与红树，雨中寥落月中愁。

注释

端居：闲居，闲坐。

远书：远方的书信。

素秋：秋季。

红树：红色树叶的树。

简析

这首诗描写客居他乡、游幕思归的寂寞怅惘。

“远书归梦两悠悠”，首句写诗人独自坐在家中，心中盼望着能有远方寄来的家信，哪怕能做一场归乡的梦也好。然而家信不来，梦境难寻，屋内只有诗人寂寥的叹息声。“悠悠”二字，留下了无尽的怅惘余味。

“只有空床敌素秋”，写深夜醒来的寂寞凄凉。诗人漂泊羁旅，没有儿女承欢膝下，也没有妻子闲话家常，只有一张小床抵挡这萧瑟肃杀的寒秋。

“阶下青苔与红树”，目光所及，由室内转向室外，描写青苔红树，借景抒情，写尽了醒来后的愁思。“雨中寥落月中愁”，秋雨阴冷连绵，树叶苔藓被雨水打湿，树叶垂蔫，苔藓湿滑，秋日迷离清冷的氛围格外浓重，传达出诗人孤寂哀伤的心境。

本诗起笔写事，落笔写景，虚实结合，层层铺陈，将寓居他乡之清苦孤寂写得深切沉郁。

背景

此诗为李商隐幕游时所作。诗人远离家乡，思念妻子，因而写下此诗，抒发孤身在外的寂寥和愁绪。

名家点评

〔清〕屈复：书、梦俱无，正唤“只有”“空”“敌”等字。对青苔、红树皆秋，正结上“空床敌素秋”耳。(《玉溪生诗意》)

〔清〕徐德泓：晴雨都无是处，要见落寞人，无一而可也。(《李义山诗疏》)

王　建

王建（768—835），字仲初，颍川（今河南许昌）人，唐朝诗人。其诗题材广泛，同情百姓疾苦，生活气息浓厚，思想深刻。善用比兴、白描、对比等手法，常在结尾以重笔突出主题。体裁多为七言歌行，篇幅短小。语言通俗凝练，富有民歌谣谚色彩。代表诗作有《田家行》《射虎行》等。

今夜月明人尽望，不知秋思落谁家

十五夜望月寄杜郎中

唐・王建

中庭地白树栖鸦，冷露无声湿桂花。
今夜月明人尽望，不知秋思落谁家？

注释

杜郎中：杜元颖，郎中为其官职。

中庭：古代房子多为前庭后屋，中庭即庭院中间。

冷露：寒冷的露水。

简析

这首七言绝句，是诗人在中秋之夜为思念故友而作。诗中通过对中秋夜景的描述，寄托了无限的思念之情。

首句“中庭地白树栖鸦”，写庭中赏月之景，烘托了一种清冷忧伤的氛围。庭院深深，地面上铺满了白霜，庭中大树上枝叶零落，乌鸦栖落，一派萧瑟。

“冷露无声湿桂花”，紧承上句，进一步借助感觉写月景。天气转寒，露水沉重，沾湿了桂花，桂花香中蕴藏着秋季的味道。

“今夜月明人尽望”，十五中秋佳节，圆月皎洁，人们都殷切地期盼着亲人的团聚，“尽”字点出盼望之深、团聚之难。

“不知秋思落谁家”，在亲人相伴的佳节，不知秋日的愁思飘向何处，是否有人同样产生了伤怀之情。诗人并未写秋思的内容，也未提及自身的心境，而是寄托在情景的描述中，哀伤的氛围下，诗意油然而生。

这首诗写月景，层次井然，有动有静；写思情，情景交融，含蓄委婉，情深意远，为后人广为传诵。

背景

此诗为中秋节之时，诗人因思念好友杜元颖所作，表达了秋季的伤怀和离别的忧思。

名家点评

〔清〕沈德潜：不说明己之感秋，故妙。(《唐诗别裁》)

〔近代〕俞陛云：诗意涵盖一切，且以“不知”二字作问语，笑致尤见空灵。前二句不言月，而地白疑霜，桂枝湿露，宛然月夜之景，亦经意之笔。(《诗境浅说续编》)

李　煜

李煜（937—978），初名从嘉，字重光，号钟隐、莲峰居士，金陵（今江苏南京）人，南唐最后一位国君。李煜精书法、工绘画、通音律，诗文均有一定造诣，尤以词的成就最高。李煜的词，继承了晚唐以来花间派词人的传统，语言明快、形象生动、用情真挚，风格鲜明，其亡国后词作更是题材广阔，含义深沉，在晚唐五代词中独树一帜，对后世词坛影响深远。

春花秋月何时了？往事知多少

虞美人·春花秋月何时了

五代·李煜

春花秋月何时了？往事知多少。小楼昨夜又东风，故国不堪回首月明中。

雕栏玉砌应犹在，只是朱颜改。问君能有几多愁？恰似一江春水向东流。

注释

了：结束，了却。

雕栏玉砌：指精美华丽的栏杆和台阶，代指宫殿。

朱颜：美丽的容颜。

几多：多少。

简析

这首词是李煜晚期的作品。李煜回首往事，百感交集，作此词表达对故国的追思。

“春花秋月何时了”，“春花”“秋月”都是诗词中常见的意象，词人看不到其盛放光彩，只看到了枯萎衰败。在一年一年的花开花谢中，往事历历在目，愁思日日侵袭。“小楼昨夜又东风，故国不堪回首月明中”，词人被困在幽深的阁楼，昨夜东风忽起，在风声中词人又想起了曾经的故国家园。作为君王，他未能奋力保国开创盛世，而是忍辱求全，落得被幽禁的命运。故国不堪回首，山河犹在人却非，亡国之痛深入骨髓。月光清寒，对故国灭亡的悲痛忧愤在月光的衬托下，更显沉重。

“雕栏玉砌应犹在，只是朱颜改”，曾经的华丽楼阁还伫立在宫城中，但是相伴的宫女早已化为黄土，宫殿中的人不复往昔。“问君能有几多愁，恰似一江春水向东流”，词人的愁思就像一江春水，涓涓细流，绵延无尽，无限的哀怨忧伤都在这无尽的春水间，更显悠远绵长。

背景

此词为南唐后主李煜亡国后所作。此时李煜被囚禁于汴京，国破被囚，江山易主，内心的悲羞哀怨汇集在这首词中，呈现出物是人非、愁思长流的深远意境。

名家点评

〔清〕陈廷焯：一声恸歌，如闻哀猿，呜咽缠绵，满纸血泪。(《云韶集》)

〔清〕王闿运：常语耳，以初见故佳，再学便滥矣。朱颜本是山河，因归宋不敢言耳。若直说山河改，反又浅也。结亦恰到好处。(《湘绮楼词选》)

林　逋

林逋（967—1028），字君复，奉化大里黄贤村人，北宋著名隐逸诗人。林逋隐居西湖孤山，终生不仕不娶，唯喜植梅养鹤，自谓“以梅为妻，以鹤为子”。其诗直抒胸臆，多奇句，风格清冷幽静，澄澈淡远。尤爱写西湖美景，反映隐逸生活和闲适之趣。代表诗作有《山园小梅》等。

疏影横斜水清浅，暗香浮动月黄昏

山园小梅（其一）

宋・林逋

众芳摇落独暄妍，占尽风情向小园。
疏影横斜水清浅，暗香浮动月黄昏。
霜禽欲下先偷眼，粉蝶如知合断魂。
幸有微吟可相狎，不须檀板共金尊。

注释

暄妍：明艳美丽的样子。

风情：风采神韵。

霜禽：霜鸟，如白鹭、白鹤等。

偷眼：偷看一眼。

微吟：低声浅吟。

狎：亲近。

檀板：檀木制作的乐器，此处代指乐声。

金尊：即“金樽”，酒杯。

简析

这首诗描绘了梅花的特质和韵致，并寄寓了诗人高洁的志向。

“众芳摇落独暄妍，占尽风情向小园”，首联写百花凋零的冬日，只有梅花姿态高绝，在小园中花开正艳。“众”与“独”字对出，反衬梅花之峻洁清高。

“疏影横斜水清浅，暗香浮动月黄昏”，颔联绘出了一幅动人的山园小梅图。水边倒映出梅树错落的枝条，水波清浅，梅枝横斜，别有雅趣。月色升起，黄昏朦胧的环境里，暗香氤氲，沁人心脾。此联写梅花，既写出了清冷高洁，又写出了馥郁缱绻，极为动人。

“霜禽欲下先偷眼，粉蝶如知合断魂”，梅之清丽引得霜鸟想要偷看，粉蝶几乎销魂，可见姿态端妍妩媚。“幸有微吟可相狎，不须檀板共金尊”，诗人也被梅花吸引，不由吟诗与其相应，无须丝竹酒乐，全然一番自然意趣。

背景

此诗为宋代诗人林逋所作，次联“疏影横斜水清浅，暗香浮动月黄昏”广为流传。林逋是著名的处士诗人，号称“梅妻鹤子”，不喜喧闹繁华的应酬，安于闲适隐逸的生活，此诗亦能体现一二。

名家点评

〔宋〕周紫芝：林和靖赋梅花诗，有“疏影横斜水清浅，暗香浮动月黄昏”之语，脍炙天下殆二百年。(《竹坡诗话》)

〔宋〕吴沆：咏物诗，本非初学可及，而莫难于梅、竹、雪。咏梅，无如林和靖“疏影横斜水清浅，暗香浮动月黄昏”。(《环溪诗话》)

〔明〕李东阳：惟林君复“暗香”“疏影”之句为绝唱，亦未见过之者，恨不使唐人专咏之耳。(《麓堂诗话》)

柳　永

柳永（约984—约1053），原名三变，字景庄，后改名柳永，因排行第七，又称柳七。福建崇安人，北宋著名词人，婉约派代表人物。柳永对宋词进行了大胆革新，他大力创作慢词，将敷陈其事的赋法移植于词，同时充分运用俚词俗语，对宋词的发展产生了深远影响。

今宵酒醒何处？杨柳岸，晓风残月

雨霖铃·寒蝉凄切

宋·柳永

寒蝉凄切，对长亭晚，骤雨初歇。都门帐饮无绪，留恋处，兰舟催发。执手相看泪眼，竟无语凝噎。念去去，千里烟波，暮霭沉沉楚天阔。

多情自古伤离别，更那堪，冷落清秋节！今宵酒醒何处？杨柳岸，晓风残月。此去经年，应是良辰好景虚设。便纵有千种风情，更与何人说。

注释

长亭：路边供人休息的亭子。

都门：城门。

帐饮：离别时在城外设置帐幕，摆宴饯别。

兰舟：对船只的美称。

暮霭：日暮时的云霭。

简析

这首词是柳永最负盛名的代表作之一，文辞含蓄雅致，用词明丽哀婉，字句间皆不失风流，通读更显情意之真切。全词从“别”字生发，临别前—惜别时—别离后，由景及情，由情及景，层层铺叙开来。

上阕正面话别，对别时情景作具体描绘。秋蝉哀鸣，长亭日落，骤雨初停，情人在这样的环境里话别，伤情顿觉浓厚。依依不舍间，船就要出发了，“执手相看泪眼，竟无语凝噎”，泪眼朦胧间无言更胜有言，可见离别之难。远途浩荡，爱人即将前往遥远的楚地，“千里烟波”更显词人孤身等待的落寞。

下阕则宕开一面，换作抒情，层层揭示自己的内心活动。离别已足以伤怀，清冷的秋日已至，又该如何挨过？借酒消愁，徘徊失意无处可归，游荡至杨柳堤岸，酒醒时只剩下晓风、残月相伴，孤寂的形象跃然纸上。知已羁旅他乡，此处就算有千般美景万般繁华都提不起兴致，情意再无人诉说，只有词人忧愁难解、寂寥哀伤的心境萦绕在晓风残月间。最后两句中，一“便”一“更”，表明念之心切，爱之情深。

背景

此词为宋代著名“婉约派”词人柳永的代表作。词句描述了情人间分别的感伤，用词造句精致凄婉，将“伤离别”写得缠绵悱恻，令人心碎，成为千古传唱的名篇。

名家点评

〔明〕李攀龙：“千里烟波”，惜别之情已骋；“千种风情”，相期之愿又赊。真所谓善传神者。(《草堂诗余隽》)

〔清〕周济：清真词多从耆卿夺胎，思力沉挚处，往往出蓝。然耆卿秀淡幽艳，是不可及。(《宋四家词选》)

范仲淹

范仲淹（989—1052），字希文，吴县（今属苏州）人。历任兴化县令、秘阁校理、陈州通判、苏州知州等职，因秉公直言而屡遭贬斥。范仲淹政绩卓著，文学成就突出。其诗意淳语真，艺术手法多样，以清为美的特点尤为突出，以文为诗、议论化的倾向非常明显。其词作存世共五首，虽然数量较少，但首首脍炙人口，在宋词的发展中起着承前启后的重要作用。

明月楼高休独倚，酒入愁肠，化作相思泪

苏幕遮·碧云天

宋·范仲淹

碧云天，黄叶地，秋色连波，波上寒烟翠。山映斜阳天接水，芳草无情，更在斜阳外。

黯乡魂，追旅思。夜夜除非，好梦留人睡。明月楼高休独倚，酒入愁肠，化作相思泪。

注释

黯乡魂：因思念家乡而黯然伤神。

旅思：羁旅的愁思。

愁肠：形容内心忧愁苦闷。

简析

这首词通过对寥廓绚丽的深秋景色的描绘，抒写了词人思乡的情怀和羁旅的愁绪。

上阕为读者呈现一派萧瑟秾丽的秋之景。“碧云天，黄叶地，秋色连波，波上寒烟翠”，词句开篇塑造了典型的秋日意象，万里晴空下，黄叶落满地面。江上波涛翻滚，升腾的烟雾缭绕，青色的江水与天空相接，浩瀚广阔。日落时分斜阳洒下金光，“芳草无情，更在斜阳外”，芳草本就无情，写芳草无情，反衬作者心中情之深。

下阕词人直抒胸臆，表达思乡之苦。“黯乡魂，追旅思”，词人远离家乡，追怀一路羁旅的思绪，愁意万千，夜夜只盼好梦能入睡。孤身客居他乡，甚至不敢登上月色里的高楼，生怕触景伤怀。“酒入愁肠，化作相思泪”，思乡之情深可见一斑。

背景

范仲淹作此词时奉命镇守陕西，以防西夏进犯。词人久离家乡，词风雄壮又见哀切，抒发了浓厚的思乡之情。

名家点评

〔清〕沈谦：范希文“真珠帘卷玉楼空，天淡银河垂地”及“芳草无情，更在斜阳外”，虽是赋景，情已跃然。(《填词杂说》)

〔清〕李佳：希文，宋一代名臣，词笔婉丽乃尔。比之宋广平赋梅花，才人何所不可。不似世之头巾气重，无与风雅也。(《左庵词话》)

晏　殊

晏殊（991—1055），字同叔，抚州临川人。北宋著名文学家、政治家。晏殊能诗、善词，文章典丽，书法皆工，而以词最为突出，有“宰相词人”之称。他的词，风格含蓄婉丽，吸收了南唐“花间派”和冯延巳的典雅流丽词风，开创北宋婉约词风，被称为“北宋倚声家之初祖”。

明月不谙离恨苦，斜光到晓穿朱户

蝶恋花·槛菊愁烟兰泣露

宋·晏殊

槛菊愁烟兰泣露。罗幕轻寒，燕子双飞去。明月不谙离恨苦，斜光到晓穿朱户。

昨夜西风凋碧树。独上高楼，望尽天涯路。欲寄彩笺兼尺素，山长水阔知何处。

注释

槛菊：槛栏旁的菊花。

罗幕：丝罗做的帷幕。

朱户：古时富贵显赫的人家大门涂以朱红色，称为朱户或朱门。

彩笺：印有彩色图案的信笺。

尺素：一尺长的绢布，常用来书写，诗中代指书信。

简析

晏殊词多为伤情之作，然情深不滥，彰显出精巧雅致的情思，迂回婉转，动人心魄。

此词上阕描写苑中景物，为词人清晨所见。开篇以营造情景为主，在菊花蒙烟、兰花吐露中寄托了愁思与哀伤。“罗幕轻寒，燕子双飞去”，天气转冷，燕子从门庭飞走。虽身在朱门大户，但夜晚依旧漫长难熬。明月不解离人的孤独心境，月光一夜斜照门庭，显得更加清冷孤寂。清冷的景致下是离人哀伤的心绪。

下阕写登楼望远。“昨夜西风凋碧树”，写西风之凛冽。“独上高楼，望尽天涯路”，独身在高楼上远远相望，等待无尽无止。“望尽”，极言眺望之远。“欲寄彩笺兼尺素”，写词人想寄书信传情却不知寄往何处，词人以无可奈何的问句结尾，言犹未尽，让人顿生情也悠悠、恨也悠悠之感。

全词辞藻秀丽，久留余味，伤怀中透露出旷远的意境来。

背景

晏殊词以清丽婉约见长，此词为其代表作之一。词人以疏淡的笔墨、温婉的格调、谨严的章法，传达出暮秋怀人之情。

名家点评

〔近代〕王国维：古今之成大事业、大学问者，必经过三种之境界。晏同叔之“昨夜西风凋碧树。独上高楼，望尽天涯路。”此第一境也。“衣带渐宽终不悔，为伊消得人憔悴。”此第二境也。“众里寻他千百度，蓦然回首，那人却在，灯火阑珊处。”此第三境也。此等语皆非大词人不能道。(《人间词话》)

欧阳修

欧阳修（1007—1072），字永叔，号醉翁，晚号六一居士，吉州永丰（今江西吉安永丰县）人，北宋政治家、文学家。欧阳修是在宋代文学史上最早开创一代文风的文坛领袖。他领导了北宋诗文革新运动，继承并发展了韩愈的古文理论。其诗议论、叙事、抒情融为一体，语言清新流畅，风格流丽婉转。

月上柳梢头，人约黄昏后

生查子·元夕

宋·欧阳修

去年元夜时，花市灯如昼。月上柳梢头，人约黄昏后。
今年元夜时，月与灯依旧。不见去年人，泪湿春衫袖。

注释

生查子：词牌名，源于唐教坊曲名。
元夜：指元宵节的夜晚。
花市：民俗每年春时举行的卖花、赏花的集市。

灯如昼：灯火像白天一样。

春衫：春天时穿的衣衫。

简析

此词是欧阳修脍炙人口的名篇之一，词人以少女的口吻写成。

上阕回忆去年的欢悦。“去年元夜时，花市灯如昼”，写去年元宵佳节时，一片灯火通明，璀璨的火花照亮了天空，周遭繁华绚丽，尽是欢乐气氛。“月上柳梢头，人约黄昏后”，写去年元夜幽会的情景，为全词的词眼，意境优美，是传诵千古的名句。上阕勾勒出一幅月下幽会的幸福场景。

词的下阕，笔锋一转，写今昔之物是人非。“今年元夜时，月与灯依旧”，集市上的灯光和月影依旧美丽，“不见去年人，泪湿春衫袖”，只是物是人非，不见爱侣，只剩下一位断肠人孤寂地在月夜徘徊，对比强烈，展现出悲痛之深重隽永。

整首词语言通俗明快，感情真挚，抚今思昔，对比强烈。词人构思巧妙，将今昔情景的哀乐放在一起，形成回旋咏唱之美，读来一咏三叹，耐人回味。

背景

这是一首相思词，所思为何人难以确考。此词明白如话，饶有韵味。

名家点评

〔明〕徐士俊：元曲之称绝者，不过得此法。(《古今词统》)

人生自是有情痴，此恨不关风与月

玉楼春·尊前拟把归期说

宋·欧阳修

尊前拟把归期说，未语春容先惨咽。人生自是有情痴，此恨不关风与月。

离歌且莫翻新阕，一曲能教肠寸结。直须看尽洛城花，始共春风容易别。

注释

玉楼春：词牌名。双调五十六字，前后阕格式相同，各三仄韵。

尊前：即樽前，饯行的酒席前。

春容：妩媚的容貌。

惨咽：伤心哭泣呜咽的样子。

情痴：对情痴心的人。

翻新阕：按旧曲填新词。

洛城：洛阳。

简析

这首词写离别之情。

“尊前拟把归期说，未语春容先惨咽”，开篇写在欢聚的筵席上想到离别近在眼前，未语泪先流，呜咽难抑，可见离别之伤。“人生自是有情痴，此恨不关风与月”，离别的伤怀和风、月等意象无关，还是来自于有情人心里的愁思，因为愁思深重，才觉风月多情，看似批评有情人无理，实则是反说情思之深。王国维评价此句“豪放之中有沉着之致”，甚为妥当。

“离歌且莫翻新阕，一曲能教肠寸结”，席间唱罢离歌，作者已不忍卒听，一曲离歌已让人肝肠寸断，感伤已至如此。“直须看尽洛城花，始共春风容易别”，末二句豪宕之中又隐含了沉重的悲慨。在词人的预想中，或许只有看尽洛阳的繁花春日，才能没有遗憾，对洛阳的留恋不舍可谓深切。

背景

这首词为欧阳修离开洛阳时所作。欧阳修此时在洛阳任职期满，即将调离，感伤之间写下此词，托以古乐府离别，表达出对洛阳浓浓的不舍和依恋之情。

名家点评

〔明〕沈际飞：“风月”，特寄情，而非即情，语超然。(《草堂诗余续集》)

〔近代〕王国维：永叔“人生自是有情痴，此恨不关风与月”，“直须看尽洛城花，始共东风容易别”，于豪放之中有沉着之致，所以尤高。(《人间词话》)

曾巩

曾巩（1019—1083），字子固，建昌南丰（今江西南丰）人，后居临川，北宋文学家、史学家、政治家。曾巩的主要成就在文，亦能诗。其诗雄浑超逸，含义深刻，字句清新。他不但善赋体，也有诗长于比兴，形象鲜明，颇得唐人神韵。他的各体诗中以七绝的成就最高，精深，工密，颇有风致。

解把飞花蒙日月，不知天地有清霜

咏柳

宋·曾巩

乱条犹未变初黄，倚得东风势便狂。
解把飞花蒙日月，不知天地有清霜。

注释

乱条：指柳树乱飞的枝条。

初黄：秋季柳树枝条由青转黄，此即指柳枝变黄之前。

狂：柳条狂舞，代指小人猖狂。

解把：知晓，了解。

飞花：指柳絮。

清霜：指秋日的白霜。

简析

曾巩写诗常常讥讽时事，有感而发。本诗以柳为喻，柳在古诗中多以袅娜妩媚的姿态出现，在本诗中却是猖狂小人的象征。

“乱条犹未变初黄，倚得东风势便狂”，在深秋未到来之前，柳条仍然青碧坚韧，东风吹来，枝条狂舞错乱。“犹未”“倚得”“势便狂”说明诗人对这样的柳枝并不喜爱，而是厌恶鄙夷的，因为这些枝条随风狂舞的样子就像是朝廷上纷扰的小人，小人一旦得势，就会猖狂作乱。

“解把飞花蒙日月”，柳树只知道飞扬柳絮，以为可以遮蔽日月的光辉，就像是小人以为可以只手遮天，打压正义之士。“不知天地有清霜”，但是终有一天秋日会到来，等到秋霜降下，乱舞的柳枝、柳絮就会衰败不见。这世间的公平正义也是如此，小人得势只有一时，清明公道才是人间正途。

这首讽喻诗将状物与哲理融合，含义深长，令人深思。

背景

此诗为曾巩的代表作之一，诗人以柳隐喻世间小人，对小人的恶劣行径作了辛辣的讽刺和批评。

王安石

王安石（1021—1086），字介甫，号半山，临川人，北宋著名思想家、政治家、文学家。其诗“学杜得其瘦硬”，重炼意和修辞，擅长说理与修辞，晚年诗风含蓄深沉、深婉不迫，以雅丽精绝的风格在北宋诗坛自成一家，世称“王荆公体”。

春风又绿江南岸，明月何时照我还

泊船瓜洲

宋·王安石

京口瓜洲一水间，钟山只隔数重山。
春风又绿江南岸，明月何时照我还。

注释

泊船：停船。

瓜洲：古渡口，在今江苏扬州市境内。

京口：亦为渡口，在今江苏镇江市境内，与瓜洲隔江相望。

钟山：紫金山，在今江苏南京市境内。

绿：吹绿，拂绿。

江南岸：江的南岸，诗中指长江以南的地区。

还：回。

简析

诗人寥寥几句间，几乎囊括整个江南风貌。京口、瓜洲、钟山都是江南名胜，在诗句中被浓缩在了一起，仿佛美景皆是相邻而居，距离甚近。这种手法类似于写意山水，抛弃了远近高低的原则，将景致集中在一块区域，错落有致，层层渲染。

“京口瓜洲一水间，钟山只隔数重山”，诗句写京口、瓜洲只在一水之间，长江的宽广壮阔被刻意地隐藏起来。钟山和瓜洲也只隔着数重山，诗人着重强调标志性景致。“春风又绿江南岸，明月何时照我还”，此句为脍炙人口的名句。长江南岸春日草木青翠，诗人用“绿”字，将春风之活力、江南之生机形象地展现出来，以实景写抽象，生机勃勃，充满意趣。在美妙的景致下，诗人思乡之情越发浓烈，渴望明月护送回到故乡，一波三折，怀乡之意更显深重。

全诗不仅借景抒情，寓情于景，而且在叙事上也富有情致，境界开阔，格调清新。

背景

此诗作于王安石晚期。诗中巧妙地描写了江南春景，表达了怀念故居的深情。

名家点评

〔宋〕洪迈：吴中士人家藏其草，初云“又到江南岸”，圈去“到”，注曰“不好”，改为“过”，复圈而改为“入”，旋改为“满”。凡如是十许字，始定为“绿”。(《容斋随笔》)

苏 轼

苏轼（1037—1101），字子瞻，号东坡居士，眉州眉山（今属四川眉山）人，祖籍河北栾城，北宋文学家、书法家、画家。苏轼是北宋中期的文坛领袖，在诗、词、散文、书、画等方面取得了很高的成就。其诗题材广阔，清新豪健，善用夸张比喻，独具风格，与黄庭坚并称“苏黄”；其词开豪放一派，与辛弃疾同是豪放派代表，并称“苏辛”；其文纵横恣肆，气势雄放。

明月几时有？把酒问青天

水调歌头·明月几时有

宋·苏轼

丙辰中秋，欢饮达旦，大醉，作此篇，兼怀子由。

明月几时有？把酒问青天。不知天上宫阙，今夕是何年。我欲乘风归去，又恐琼楼玉宇，高处不胜寒。起舞弄清影，何似在人间。

转朱阁，低绮户，照无眠。不应有恨，何事长向别时圆？人有悲欢离合，月有阴晴圆缺，此事古难全。但愿人长久，千里共婵娟。

注释

丙辰：宋神宗熙宁九年（1076）。

达旦：到天亮。

子由：苏轼弟弟苏辙，字子由。

宫阙：宫殿。

琼楼玉宇：美好华丽的楼阁，指想象中的仙宫。

清影：清冷月光下的影子。

何似：何如，哪里比得上。

绮户：雕花的窗户。

简析

自古写月者众多，这首词更显豪迈潇洒的情怀。

“明月几时有？把酒问青天”，首句脱自李白诗作，天上明月不常有，诗人畅饮间举杯与天同兴，可见快意之情形。今夜人间中秋，不知道天上的仙宫，今夕是何年何月。“我欲乘风归去，又恐琼楼玉宇，高处不胜寒”，诗人微醺间好似可乘风高飞到仙宫之中，但又怕天宫寒冷，不似人间繁华。诗人虽仕途不顺，但始终怀有着积极豁达的人生态度，对人世间保留着珍贵的赤子之心。“起舞弄清影，何似在人间”，乘着酒兴和月光，诗人在月下飘然起舞，人间美景正好，诗人豪迈爽朗的心境也显露其中。

下阕“转朱阁”三句写月照不眠之人。月儿又圆又亮本是幸福美好的象征，对此不应有恨。但它偏偏在人离别之时才圆起来，月圆人不圆，更加重了离人之恨。“人有”三句人月合写，进一层写人间有离别的痛苦，团聚的欢乐，月亮也会有阴伏晴出，圆缺盈亏，这些都是天地之间所常有之事。结尾“但愿人长久，千里共婵娟”，作者于此祝愿其弟子由，其实也是祝愿天下之人尽管远隔千里，也都能共同面对这素月一轮，永远平安地生活。

全词落笔潇洒，舒卷自如，思想深刻而境界高逸，充满哲理，是苏轼词的典范之作。

背景

这首词是苏轼千古传唱的名作，时苏轼任密州刺史，与弟弟苏辙相距甚远。中秋之夜诗人畅饮通宵，快意之余想起远方的弟弟，因而写下这首词。此词意境高远，展现出诗人超脱豁达的胸襟。

名家点评

〔清〕黄苏：按通首只是咏月耳。前阕是见月思君，言天上宫阙，高不胜寒，但仿佛神魂归去，几不知身在人间也。次阕，言月何不照人欢洽，何似有恨，偏于人离索之时而圆乎？复又自解，人有离合，月有圆缺，皆是常事，惟望长久共婵娟耳。缠绵惋恻之思，愈转愈曲，愈风愈深。忠爱之思，令人玩味不尽。(《蓼园词选》)

〔清〕陈廷焯：落笔高超，飘飘有凌云之气。谪仙而后，定以髯苏为巨擘矣。(《云韶集》)

〔近代〕王国维：东坡《水调歌头》，则伫兴之作，格高千古，不能以常调论也。(《人间词话》)

缺月挂疏桐，漏断人初静

卜算子·黄州定慧院寓居作

宋·苏轼

缺月挂疏桐，漏断人初静。谁见幽人独往来，缥缈孤鸿影。
惊起却回头，有恨无人省。拣尽寒枝不肯栖，寂寞沙洲冷。

注释

卜算子：词牌名。双调四十四字，上下阕各两仄韵。

定慧院：在今湖北黄冈东南。苏轼初贬黄州，寓居于此。

漏断：漏为古代计时工具，漏断指夜深。

孤鸿：单飞的大雁。

恨：指诗人遭到贬谪的悲愤。

省：理解，明白。

寒枝：寒冷的树枝，指夜寒，树枝似也产生寒意。

简析

上阕侧重写景，“缺月挂疏桐，漏断人初静”，月非圆月，寂寥地挂在疏落的梧桐树枝间；夜已深，滴漏声断不可闻，一片寂静，开篇即渲染出清冷幽静的氛围。“谁见幽人独往来，缥缈孤鸿影”，词人幽居在此，静谧的夜色下孑然一人，像是一只孤飞的大雁，天地间无人知晓，偌大的夜空独自徘徊，留下孤寂缥缈的身影。

下阕侧重写情，以比兴手法，自喻为孤雁。“惊起却回头，有恨无人省”，惊雁飞起，回头遥望，只叹心内苦楚烦闷无人诉说。然而虽然仕途忧愤，但词人仍然不愿沉沦于污浊俗世，

“拣尽寒枝不肯栖，寂寞沙洲冷”，孤雁在树枝间游荡，始终不肯屈身落下，宁愿在寒冷的沙洲上栖息。词人亦是如此，宁愿寂寞失意地待在黄州，也不愿与官场小人为伍谋取名利。这种心境寄托在缥缈夜色下，显得空灵高远，更显自由缥缈之情态。

背景

苏轼此时被贬黄州，在定慧院居住，仕途不顺的忧愤在黄州清冷的月光间被消解。这首词展现出苏轼远离尘污、高洁不俗的人生追求。

名家点评

〔宋〕黄庭坚：东坡道人在黄州时作，语意高妙，似非吃烟火食人语。非胸中有万卷书、笔下无一点尘俗气，孰能至此。(《豫章黄先生文集》)

〔清〕陈廷焯：寓意高远，运笔空灵，措语忠厚，是坡仙独至处，美成、白石亦不能到也。(《词则》)

春宵一刻值千金，花有清香月有阴

春宵

宋·苏轼

春宵一刻值千金，花有清香月有阴。
歌管楼台声细细，秋千院落夜沉沉。

注释

春宵：春日的夜晚。

千金：千为虚数，意为价值极为珍贵。

阴：指月光投下的阴影。

歌管：指歌声乐声。

沉沉：深沉静谧的样子。

简析

苏轼的诗词中，花、月、夜等意象总是呈现出婉转优美的意趣，这些意象结合起来，意境更为悠远隽永。

“春宵一刻值千金”，开篇点题，写春夜之美价值千金，好似有了实际的价值，以实际的钱物描述抽象的美，美的惊心动魄。

“花有清香月有阴”，花香袅袅，月影空灵，仿佛置身于缥缈仙境，怡然安逸。“歌管楼台声细细”，写远处传来楼台上的歌声和乐声，清亮的曲调传到诗人耳中，已是余音微弱，隐隐约约间能听到细细的吟唱，朦胧美更深一层。

“秋千院落夜沉沉”，远处楼阁灯火绚丽，而这小庭院里，一架秋千随风微微摇晃，除此之外别无声响，夜色深沉静默，庭院也像是融入了夜色之中，一片静谧安详，清新高远，回味悠长。

全诗语言明白如话，而立意深沉含蓄，耐人寻味。其中“春宵一刻值千金”更成为千古传诵的名句。

背景

此诗描述了春日夜晚和谐雅致的景象，后世常以“春宵一刻值千金”形容时间宝贵，不可浪费。

名家点评

〔宋〕杨万里：东坡云："春宵一刻值千金，花有清香月有阴。"介甫云："金炉香尽漏声残，剪剪轻风阵阵寒。春色恼人眠不得，月移花影上栏杆。"二诗流丽相似，然亦有甲乙。(《诚斋诗话》)

晏几道

晏几道（1038—1110），北宋著名词人。字叔原，号小山，抚州临川文港沙河（今属江西南昌进贤县）人。性孤傲，中年家境中落。与其父晏殊合称“二晏”。词风似父而造诣过之。工于言情，其小令语言清丽，感情深挚，尤负盛名。多写爱情生活，是婉约派的重要代表人物。有《小山词》留世。

当时明月在，曾照彩云归

临江仙·梦后楼台高锁

宋·晏几道

梦后楼台高锁，酒醒帘幕低垂。去年春恨却来时。落花人独立，微雨燕双飞。

记得小苹初见，两重心字罗衣。琵琶弦上说相思。当时明月在，曾照彩云归。

注释

却来：再来。

小苹：歌女的名字。

两重心字罗衣：指带有花纹的丝罗衣衫，花纹为两层心字。

简析

这首词是作者与歌女小苹久别的相思怀人之作。全词通过对春景的描绘和对当年美好生活的追忆，表达了词人对小苹的深切怀念及人生无常之感。

上阕写春景。“梦后楼台高锁，酒醒帘幕低垂”，曾经的繁华绚丽终成一梦，梦醒后发现楼台空空，门前高锁悬挂，里面再也没有清丽婉转的歌声。醉酒消愁，酒醒后帘幕垂挂在庭院，但再也不能见到昔日那般的筵席。“落花人独立，微雨燕双飞”，往年的遗恨再次涌上心头，词人在零落的花瓣间孑然伫立，看着细雨里燕子双双飞去，燕子的成双成对衬托出诗人的孤寂失落。

下阕写对小苹的思念。“记得小苹初见，两重心字罗衣”，还清晰地记得初见小苹时的样子，笑颜明媚，衣着鲜艳。“初见”二字，情真意切。“两重心字”，写两人情投意合，心心相印。“琵琶弦上说相思”，当年那缠绵的相思都蕴藏在弹奏的琵琶曲中，如今曲曲惹词人心碎。“当时明月在，曾照彩云归”，还分明记得离别那一刻的明月，清亮的月光照着彩云的飘移，也映照着小苹离去的身影，意境优美，隽永悠长。

背景

这首词是宋代著名词人晏几道怀念歌女小苹所作，小苹是词人朋友家的歌女，然而政坛风云变幻，词人少年时的繁华时光一并逝去，小苹等歌女也四散离开，此词即为怀念之作。

名家点评

〔宋〕杨万里：晏叔原云："落花人独立，微雨燕双飞。"可谓好色而不淫矣。(《诚斋诗话》)

〔清〕陈廷焯：小山词如"去年春恨却来时。落花人独立，微雨燕双飞"，又"当时明月在，曾照彩云归"，既闲婉，又沉着，当时更无敌手。(《白雨斋词话》)

〔清〕陈廷焯："落花"十字，工丽芊绵。结笔依依不尽。(《词则》)

〔清〕谭献：所谓柔厚在此。(《复堂词话》)

舞低杨柳楼心月，歌尽桃花扇底风

鹧鸪天·彩袖殷勤捧玉钟

宋·晏几道

彩袖殷勤捧玉钟，当年拼却醉颜红。舞低杨柳楼心月，歌尽桃花扇底风。

从别后，忆相逢，几回魂梦与君同。今宵剩把银釭照，犹恐相逢是梦中。

注释

彩袖：华彩的衣袖，代指歌女。

玉钟：精美的酒杯。

拼却：甘愿，情愿。

银釭：银制的灯盏。

简析

这首词是词人与一个相熟的女子久别重逢之作。

上阕写当年欢聚时的场景。“彩袖殷勤捧玉钟，当年拚却醉颜红”，词人少年时也曾风光无限，在会馆楼阁间与佳人相伴。周遭衣着明艳的女子们殷勤地端来酒水，词人快意畅饮，醉意熏红了脸庞。“舞低杨柳楼心月，歌尽桃花扇底风”，佳人舞姿飘逸，裙摆飘动间月亮都沉了下去，不觉时间流逝。歌声婉转美妙，桃花扇下微风袅袅，佳人做伴，美好往事历历在目。然而昔日的繁华美梦皆成空影，分别之后再无音信。

下阕写久别重逢后的惊喜。“从别后，忆相逢。几回魂梦与君同”，以梦之同写二人情之深长，情思更添空灵缥缈的美感。“今宵剩把银釭照，犹恐相逢是梦中”，今夜重逢，两人都不忍入眠，情愿彻夜对着烛台的光彼此相看，虚实变幻之间，营造出凄美哀伤的意境。

背景

晏几道善写离愁闺怨，词风以清丽优美见长。这首词描述了离人重逢的场景，情思细腻缠绵，意境缥缈悠远，是古诗词中写离别的名作。

名家点评

〔宋〕晁补之：叔原不蹈袭人语，而风调娴雅，自是一家。如“舞低杨柳楼心月，歌尽桃花扇底风”，自可知此人不生在三家村中也。(《侯鲭录》)

〔明〕沈际飞：美秀，不愧六朝宫掖体。(《草堂诗余正集》)

〔清〕黄苏：“舞低”二句，比白香山“笙歌归院落，灯火下楼台”，更觉浓至。情愈浓情愈深，今昔之感，更觉凄然。

(《蓼园词选》)

〔清〕陈廷焯：仙乎丽矣。后半阕一片深情，低回往复，真不厌百读也。言情之作，至斯已极。(《词则·闲情集》)

辛弃疾

辛弃疾（1140—1207），字幼安，号稼轩，历城（今山东济南）人。南宋豪放派词人，与苏轼合称“苏辛”，与李清照并称“济南二安”。其词题材广泛，艺术风格多样，以豪放为主，风格沉雄豪迈又不乏细腻柔媚之处。有词集《稼轩长短句》等传世。

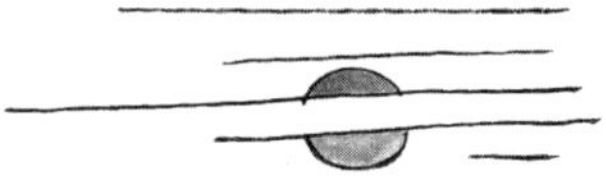

明月别枝惊鹊，清风半夜鸣蝉

西江月·夜行黄沙道中

宋·辛弃疾

明月别枝惊鹊，清风半夜鸣蝉。稻花香里说丰年，听取蛙声一片。

七八个星天外，两三点雨山前。旧时茅店社林边，路转溪桥忽见。

注释

西江月：唐教坊曲名，后用作词牌名。双调五十字，平仄两协。后阕字句作法与前阕相同。

黄沙道：指江西黄沙村的村旁小道。

别枝：树上斜生的树枝。

天外：形容天空辽远。

茅店：茅舍。

社林：土地社旁的树林。

简析

这首词是作者贬官闲居江西时所作，旨在吟咏田园风光。

“明月别枝惊鹊，清风半夜鸣蝉”，首句点明夜景，月、树、鹊、风、蝉的组合充满了乡野夜色的韵味，尤其以惊鹊、鸣蝉最为鲜活生动。明月朗照，树枝横错，惊飞的雀鸟打破了宁静的画面，清风吹拂，蝉鸣不绝，有声有色，生机盎然。“稻花香里说丰年，听取蛙声一片”，大片的田野中稻花开放，预示着丰年的到来，稻花丛中传来蛙声阵阵，仿佛是它们在诉说对丰年的期许，普通的乡野景色在作者笔下更添活泼生趣。

“七八个星天外，两三点雨山前”，远远望去，天空高远辽阔，七八个星星散落在远处的天空，而行进的山前滴落零星细雨，远近结合，以距离之远说明夜空之高阔。越过山前，“旧时茅店社林边，路转溪桥忽见”，转过小溪上的石桥，忽见小小的茅舍映入眼帘，茅舍本静立在树林旁，“忽见”却异趣横生，别有雅致，可见词人怡然自乐、闲适旷达的心境。

全词从视觉、听觉和嗅觉三方面描绘夏夜的山村风光，情景交融，优美如画，恬静自然，是宋词中以农村生活为题材的佳作。

背景

这是辛弃疾晚年被贬江西时所作，作者虽被贬谪，但心境豁达，仍以身边风景为乐。这首词描述了夜归江西黄沙村的所见所思，展现出一幅生机盎然的农家田园风光图。

名家点评

〔清〕许昂霄：后叠似乎太直，然确是夜行光景。(《词综偶评》)

〔清〕陈廷焯：所闻所见，信手拈来都成异采，总由笔力胜故也。(《词则》)

黄庭坚

黄庭坚（1045—1105），字鲁直，号山谷道人，晚号涪翁，洪州分宁（今江西九江修水县）人，北宋著名文学家、书法家。黄庭坚的诗以唐诗的集大成者杜甫为学习对象，提出了“点铁成金”和“夺胎换骨”等诗学理论，成了江西诗派作诗的理论纲领和创作原则。其诗注重用字，讲究章法，法度严谨，说理细密，对后世的诗歌创作产生了深远的影响。

落木千山天远大，澄江一道月分明

登快阁

宋·黄庭坚

痴儿了却公家事，快阁东西倚晚晴。
落木千山天远大，澄江一道月分明。
朱弦已为佳人绝，青眼聊因美酒横。
万里归船弄长笛，此心吾与白鸥盟。

注释

快阁：著名楼阁，始建于唐代，在今江西吉安市境内。

痴儿：诗中指诗人自己。

公家事：指诗人的仕途。

晚晴：傍晚雨后的晴天。

朱弦：用练丝制作的琴弦，代指乐声。

青眼：指“阮籍青眼”的典故，出自《晋书·阮籍传》。据说阮籍生性直白，能作“青白眼”，以“青眼”来看他喜欢尊敬的人，以“白眼”看厌恶的人。后常以“青眼有加”代表赏识之意。

与白鸥盟：与鸥鸟盟誓，表示毫无机心，此指无利禄之心，借指归隐。

简析

这首诗是黄庭坚在泰和知县任上登快阁时所作。

“痴儿了却公家事，快阁东西倚晚晴”，首联呼应题旨，诗人结束了一天的公务，在傍晚时分登上快阁游赏，快阁屹立在傍晚雨后的景致中，分外美丽。“倚晚晴”三字，为下句的描写，做了铺垫渲染。

“落木千山天远大，澄江一道月分明”，这是对诗人初登快阁亭时所览胜景的描绘，也是诗人胸襟怀抱的写照。远处千山重叠一望无际，似乎和天空一样望不到尽头，呈现出宏大辽阔的气象。澄澈的江水倒映出天上的月影，江水清透，月影分明。

“朱弦已为佳人绝，青眼聊因美酒横”，诗人内心的忧烦无人倾诉，像是伯牙子期知音难觅，只有美酒在前，才会有快意的心境。

“万里归船弄长笛，此心吾与白鸥盟”，江河万里，一叶扁舟上笛声悠悠，一派闲适安逸景象。诗人恨不得就此与白鸥结成盟誓，展现出诗人离开官场、寄情山水的渴望。

背景

此诗作于宋神宗元丰五年（1082），时黄庭坚在吉州泰和县（今属江西）任知县。全诗描述了由快阁看向赣江的壮丽景象，展现出诗人高洁开阔的胸怀。

名家点评

〔宋〕吕本中：然如《百里大夫冢》与《快阁》诗，已自见成就处。(《童蒙诗训》)

〔清〕方东树：起四句且叙且写，一往浩然。五、六句对意流行。收尤豪放，此所谓寓单行之气于排偶之中也。(《昭昧詹言》)

李清照

李清照（1084—1155），号易安居士，齐州济南（今山东济南）人。宋代女词人，婉约词派的重要代表人物。李清照工诗善文，尤擅长词。她论词强调协律，崇尚典雅，提出词“别是一家”之说，反对以作诗文之法作词。其词前期多写其闺中悠闲生活，后期多悲叹身世，情调感伤。形式上善用白描手法，语言清丽。李清照的词在群花争艳的宋代词苑中，独树一帜，自名一家，人称“易安体”。

难言处，良宵淡月，疏影尚风流

满庭芳·小阁藏春

宋·李清照

小阁藏春，闲窗锁昼，画堂无限深幽。篆香烧尽，日影下帘钩。手种江梅更好，又何必、临水登楼。无人到，寂寥浑似，何逊在扬州。

从来，知韵胜，难堪雨藉，不耐风柔。更谁家横笛，吹动浓愁。莫恨香消雪减，须信道、扫迹情留。难言处，良宵淡月，疏影尚风流。

注释：

满庭芳：词牌名。

篆香：对盘香的喻称。

江梅：此指梅中上品，非泛指江畔、水边之梅。

浑似：完全像。

韵胜：优雅美好。

难堪雨藉：难以承受雨打。

扫迹：原意谓扫除干净，不留痕迹。此处系反其意而用之。

简析：

词的开头“小阁藏春，闲窗锁昼，画堂无限深幽”，描绘出了一个特殊的抒情环境。“小阁”即小小的闺阁，这是女子的内寝；“闲窗”表示内外都是娴静的。“藏”与“锁”互文见义。美好的春光和充满生气的白昼，恰恰被藏锁在这个狭小而娴静的闺阁中。“深幽”极言其堂的狭长、暗淡。“篆香烧尽，日影下帘钩。”古人爱雅洁之人都喜焚香，它的烧尽，表示整日的时光都已经流逝了，而日影移上帘箔即说明黄昏将近。“手种江梅渐好”是词意的转折，开始进入咏物。“无人到，寂寥浑似，何逊在扬州。”上阕的结尾，由赏梅联想到南朝文人何逊迷恋梅花的事，词人在寂寞的环境里面对梅花，与文人何逊产生了共鸣。

词的下阕联系个人身世，抒发对梅命运的深深同情。“从来，知韵胜”，是词人给予梅花的赞美之词。“韵”是风韵、神韵，是形态与品格美的结合。“难堪雨藉，不耐风柔”，梅虽不畏寒冷霜雪，但它毕竟是花，仍具花之娇弱特性，因而也难以禁受风雨的践踏摧损。又由落梅联想到古曲《梅花落》，不由得生出些许闲愁。“难言处，良宵淡月，疏影尚风流。”尾句中的“难言处”是对下阕所表达的复杂情感的概括。“良宵淡月，疏影尚风流”突出了梅花格调意趣的高雅，使全词的思想达到了一个新的高度。它赞美了一种饱经苦难折磨之后，仍孤高自傲，对人生存有信心的精神品格。

背景

此词为李清照前期的作品。这首咏梅词，借梅花清瘦高雅之趣，写个人情思，堪称咏梅词中的佳作。

云中谁寄锦书来，雁字回时，月满西楼

一剪梅·红藕香残玉簟秋

宋·李清照

红藕香残玉簟秋。轻解罗裳，独上兰舟。云中谁寄锦书来，雁字回时，月满西楼。

花自飘零水自流。一种相思，两处闲愁。此情无计可消除，才下眉头，却上心头。

注释

红藕：指夏日红艳的荷花。

玉簟：光滑如玉的竹席。

锦书：代指书信。

雁字：大雁飞行常以一字或人字排开，诗中代指大雁。

简析

这首词描述了相思的几个场景，场景转换之间，相思之愁层层加深，最后涌上心头，情、景的交融毫不矫饰造作，凝结出浑然天成的美感。

上阕写怀远念旧。“红藕香残玉簟秋”，荷花凋谢，竹席微凉，开篇即有秋日的气氛。全句景色清秀，意象深远。“轻解罗裳，独上兰舟”两句，写词人满怀心事，泛舟河上。“独上”二字，说明是独自一人。“云中谁寄锦书来”，直写相思之情。“雁字回时，月满西楼”，情景交融，营造出迷离的意境，使人暗生愁绪。

下阕写离愁之深。“花自飘零水自流”，呼应上片的“红藕香残”。词人与丈夫的相思分隔两地，造就了“两处闲愁”。相思之情难以消解，“才下眉头，却上心头”描绘出一幅形象逼真的仕女画卷，端庄的仕女静坐在窗边，思念着远方的丈夫，眉间微蹙，传递出无限愁思和怅惘。

背景

此词为李清照晚期作品，李清照与丈夫赵明诚感情甚笃。此词作于李清照与丈夫分别之后，寄托了对丈夫缠绵深切的思念之情。

名家点评

〔明〕王世贞：李易安“此情无计可消除，才下眉头，却上心头。”可谓憔悴支离矣。(《弇州山人词评》)

〔明〕李廷机：此词颇尽离别之情，语意超逸，令人醒目。(《草堂诗余评林》)

〔清〕陈廷焯：易安佳句，如《一剪梅》起七字云：“红藕香残玉簟秋”，精秀特绝，真不食人间烟火者。(《白雨斋词话》)

岳 飞

岳飞（1103—1142），字鹏举，宋相州汤阴县（今河南汤阴县）人，抗金名将。历任清远节度使、开府仪同三司、少保、枢密副使等职。宋高宗绍兴十二年（1142）被秦桧以莫须有罪名杀害。《全宋词》收其词三首。代表作《满江红·写怀》，是千古传诵的爱国名篇。

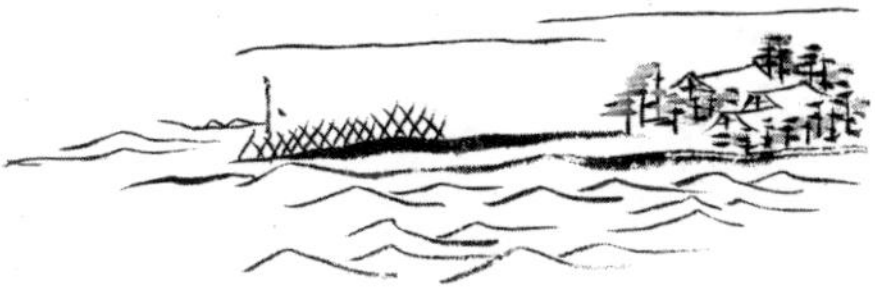

三十功名尘与土，八千里路云和月

满江红·写怀

宋·岳飞

怒发冲冠，凭栏处、潇潇雨歇。抬望眼、仰天长啸，壮怀激烈。三十功名尘与土，八千里路云和月。莫等闲、白了少年头，空悲切。

靖康耻，犹未雪。臣子恨，何时灭。驾长车，踏破贺兰山缺。壮志饥餐胡虏肉，笑谈渴饮匈奴血。待从头、收拾旧山河，朝天阙。

注释

怒发冲冠：指情绪激动，头发竖起，将帽子顶起。

凭栏：倚靠栏杆。

潇潇：形容雨势转小。

等闲：轻易，随便。

靖康耻：指宋钦宗靖康二年（1127），金兵攻陷汴京，掳走徽、钦二帝。

贺兰山：贺兰山脉位于宁夏回族自治区与内蒙古自治区交界处。

朝天阙：朝见皇帝。天阙：本指宫殿前的楼观，此指皇帝生活的地方。

简析

“怒发冲冠，凭栏处、潇潇雨歇”，词人站在栏杆处向北远眺，看到北方大宋的国土在金人的铁蹄下，悲愤之情强烈而深重。“抬望眼、仰天长啸，壮怀激烈”，对着青天仰天长啸，内心的愤懑和收复故土的决心响彻天际。词人此时刚三十余岁，回首往事，半生的马背征战获得了显赫功名，但却如尘土一般不值一提。八千里路收复故国的历程，艰辛坎坷，只有云和月相伴，以解词人寂寞。虽然此时尚有捷报传来，但收复河山的路程还远远未到结束之时，一定要加倍努力，莫到年老时悔恨悲切！上阕以悲愤起首，以悲切作结，展现出深沉激昂的爱国之情。

下阕运转笔端，抒写词人对于民族敌人的深仇大恨和对统一祖国的殷切希望。由于没有雪靖康之耻，作者发出了心中的恨何时才能消除的感慨。这也是他要“驾长车，踏破贺兰山缺”的原因。从“驾长车”到“笑谈渴饮匈奴血”都以夸张的手法表达了对凶残敌人的愤恨之情，同时表现了作者英勇无畏的乐观精神。“待从头、收拾旧山河，朝天阙。”满腔悲愤，丹心碧血，倾出肺腑。以此收尾，既表达了胜利的信心，也展现了作者对朝廷和皇帝的忠诚。

背景

这首词作于岳飞北上收复襄阳之后，岳飞刚刚取得战争胜利，北方的大好河山就在眼前，内心涌起了对往日国耻的激愤，以及收复失地的决心，因而写下这篇慷慨壮语，抒发出强烈的爱国情怀。

名家点评

〔清〕沈雄：《满江红》忠愤可见，其不欲等闲白了少年头，可以明其心事。(《古今词话》)

〔清〕刘体仁：词有与古诗同义者，“潇潇雨歇”，易水之歌也。(《七颂堂词绎》)

〔清〕丁绍仪：至寓议论于协律宫，尤觉激昂慷慨，读之色舞。(《听秋声馆词话》)

〔清〕陈廷焯：何等气概，何等志向，千载下读之，凛凛有生气焉。“莫等闲”二语，当为千古箴铭。(《云韶集》)

陆　游

陆游（1125—1210），字务观，号放翁，越州山阴（今绍兴）人，南宋爱国诗人。历任福州宁德主簿、敕令所删定官、隆兴府通判等职，因坚持抗金，屡遭主和派排斥。陆游性格豪放，胸怀壮志，在诗歌风格上追求雄浑豪健，形成了气势奔放、境界壮阔的诗风。其诗语言平易晓畅，章法整饬谨严，在南宋诗坛上占有重要的地位。

从今若许闲乘月，拄杖无时夜叩门

游山西村

宋·陆游

莫笑农家腊酒浑，丰年留客足鸡豚。
山重水复疑无路，柳暗花明又一村。
箫鼓追随春社近，衣冠简朴古风存。
从今若许闲乘月，拄杖无时夜叩门。

注释

腊酒：腊月酿造的酒。

鸡豚：鸡和猪。

箫鼓：箫与鼓，代指乐声。

春社：中国传统民俗节日，立春之后祭祀土地神。

若许：如果能够，如果可以。

简析

这是一首朴实自然的山村游记诗。

“莫笑农家腊酒浑，丰年留客足鸡豚”，首联写村中新年刚过，今年是作物丰收的年份，家家喜悦，村民热情好客，端出了腊酒、肉让诗人尽情享用。虽然腊酒不及京中清酒甘洌，菜品也不如京中精致，但村民们热情真挚的心灵让诗人分外感动。

“山重水复疑无路，柳暗花明又一村”，村落处在群山环抱之间，山路崎岖，好像无路可走，忽然间看到了柳枝野花，已经到了新的地方。从山到村的风景变化，也象征着诗人的心境变化。这两句诗富有理趣，寄寓着人生追求中当锲而不舍、坚持到底的意蕴。

“箫鼓追随春社近，衣冠简朴古风存”，写节日欢乐气氛弥散在村中，村民们衣着简朴，尚保存着古代的淳朴风俗。“从今若许闲乘月，拄杖无时夜叩门”，诗人幻想之后可以远离官场，生活在简朴的山野之中，粗茶淡饭，闲适安逸，展现出诗人归隐的志趣和向往。

背景

此诗为陆游所作的名篇之一，作于宋孝宗乾道三年(1167)，其中“山重水复疑无路，柳暗花明又一村”一联广为传诵。诗人此时刚被免官还乡，苦闷之际路经山西村，看到农家质朴欢乐的春日景象，兴奋之余写下此诗，展现出摆脱官场、豁达开阔的胸怀。

名家点评

〔清〕方东树：以游村情事作起，徐言境地之幽，风俗之美，愿为频来之约。(《昭昧詹言》)

杨万里

杨万里（1127—1206），字廷秀，号诚斋，吉州吉水（今江西吉水）人，南宋爱国诗人。与陆游、尤袤、范成大并称“南宋四大家”（又作“中兴四大诗人”）。杨万里一生作诗两万多首，传世作品约有四千二百首，被誉为“一代诗宗”。其诗大多描写自然景物，语言浅近明白、清新自然。

毕竟西湖六月中，风光不与四时同

晓出净慈寺送林子方

宋·杨万里

毕竟西湖六月中，风光不与四时同。
接天莲叶无穷碧，映日荷花别样红。

注释

晓出：太阳刚刚升起。

净慈寺：寺院名，在今杭州西湖南岸。

林子方：诗人好友，是时调往福州任职。

别样：格外、特别。

简析

诗人送别好友，本是离别感伤，万千不舍，但诗人并未直抒胸臆，而是婉转地借西湖美景来挽留好友。西湖作为著名风景名胜，留下了众多吟诵诗篇，呈现出多姿多彩的风貌，因此要写出新意就格外困难。在诗人杨万里的笔下，西湖的夏日风景独好，他未用任何复杂手法和写作技巧，就使西湖的娇艳明媚跃然纸上。

“毕竟西湖六月中，风光不与四时同”，西湖的六月虽然天气炎热，但是风光与四时并不相同，有着特别的美感和韵味。“毕竟”一词将这种“特别”凸显出来。“接天莲叶无穷碧，映日荷花别样红”，写莲叶青碧，一眼望去，在湖中漫无边际，似乎与天连接在一起，这是碧色大面积的铺洒。荷花盛开，红艳的花瓣与天上的骄阳相映，用红色点缀，画面感极强，生机勃勃，尽显自然意趣。

背景

此诗作于孝宗淳熙十四年（1187）前后，为杨万里送与友人的赠别之作，共两首，此为第二首。诗人以西湖美景挽留好友的离去，展现了杭州西湖生机勃勃、光彩非凡的夏日景象，成为古诗中吟咏西湖的名篇。

名家点评

〔清〕恒仁：亦犹东坡《赠刘景文》“一年好景君须记，正是橙黄橘绿时”之意。(《月山诗话》)

高 启

高启（1336—1374），字季迪，号槎轩，长洲（今江苏苏州市）人，元末明初著名诗人。元末曾隐居吴淞青丘，自号青丘子。高启才华横溢，学识渊博，尤精于诗，与刘基、宋濂并称“明初诗文三大家”，又与杨基、张羽、徐贲并称“吴中四杰”。其诗风格多样，清新超拔，雄健豪迈，尤擅长于七言歌行。

望月思兄意转迷，孤帆应宿楚云西

湖上见月忆家兄

明 · 高启

望月思兄意转迷，孤帆应宿楚云西。
夜深愁向湖边立，为有寒鸿相并栖。

注释

迷：沉迷，言思念之深。

楚云：楚地的云，诗中用来代指楚地，大约包含今湖北、湖南等地。

寒鸿：寒夜中的鸿雁。

简析

此诗为诗人高启思念兄长之作，通过铺叙夜间所见的景象，表达了诗人孤独的处境和对兄长的思忧。

“望月思兄意转迷”，开篇点明主旨，诗人本是“望月”，却无心欣赏月景，因为诗人内心思兄之深切，已经达到了“迷”的地步。“意转迷”将诗人思兄之情逐渐加深的过程生动地刻画出来。

“孤帆应宿楚云西”，从“孤帆”一词可以窥见，诗人的兄长并非欢喜地离开，兄弟正经历着别离之苦。诗人计算时日，这个时候兄长应该已经到了楚地西边，担忧之心尽显。

“夜深愁向湖边立”，夜深露重，诗人却无心安睡，其内心正在挂念着兄长的离开，情愿伫立在湖边也不愿归家。夜风清寒，久立在湖边，“为有寒鸿相并栖”，为的竟是有鸿雁做伴。雁在古代常被看作是羁旅漂泊的旅人，“寒鸿”正如离别的兄长，诗人看到雁栖于寒冷的湖边，不忍离去。“孤帆”“夜深”“寒鸿”，寥寥几字，平实质朴，刻画出一幅真实的图景：诗人与孤雁在寒夜为邻，一人一雁，写尽诗人心中悲伤与孤独。

背景

诗人高启的兄长在明朝初年的移民中被强行迁离，高启思兄心切，因而写下此诗。

名家点评

〔清〕纪昀：天才高逸，实据明一代诗人之上，其于诗，拟汉魏似汉魏，拟六朝似六朝，拟宋似宋，凡古人之所长无不兼之。(《四库全书总目提要》)

陈维崧

陈维崧（1625—1682），字其年，号迦陵，江苏宜兴人。明末清初词坛第一人，阳羡词派领袖。康熙十八年（1679），举博学鸿词科，授官翰林院检讨。以诗和骈文著称，亦工诗。其诗风华典赡，也有激昂悲慨之情。

生憎一片江南月，不是离筵不肯明

别紫云

清·陈维崧

二度牵衣送我行，并州才唱泪纵横。
生憎一片江南月，不是离筵不肯明。

注释

二度：再次，再度，指二人重逢后再次离别。

牵衣：牵拉衣服，表现离别之难舍。

并州：指《并州歌》，为古代歌谣，内容即是离别。

生憎：出自唐人旧典，指明知无理却偏生埋怨。

离筵：离别的筵席。

简析

本诗为诗人陈维崧写给歌女的离别诗，通过对离别场景和诗人心情的描画，表达了离别的忧伤和不舍。

“二度牵衣送我行”，“二度”说明此次离别已经是第二次了，又要再次承受离别之苦，必是更加难受不忍。“牵衣”送行，在离别之际拉住衣角，难舍难分，可见用情深重。回想筵席上，“并州才唱泪纵横”，唱过的《并州歌》让人泪流不止，正是眼前离别的体现。“才”字，说明重逢何其之短，在诗人心中，离别来的实在是太快太快了。

“生憎一片江南月，不是离筵不肯明”，在这样悲伤的氛围中，诗人看到天上明月，都忍不住心生怨恨。可以想象得到，江南夜色，明月当空，本是一片美景，但诗人正为离别所伤，不仅无心欣赏，还觉得月光在离别时太明亮了，以月光之亮反衬离别之惨淡。“生憎”出自唐人旧典“生憎江上船”，诗人自知无理，却还是不禁埋怨，明月本无过，这一下反倒惹烦了诗人，正是用无理衬托有情。

此诗以景衬情，虽言辞平易浅显，但情感长有余味。

背景

《别紫云》一诗为清代诗人陈维崧赠送给歌女紫云的作品，表达了情人的离别之苦。

纳兰性德

纳兰性德（1655—1685），字容若，号楞伽山人，原名纳兰成德，一度因避讳太子保成而改名纳兰性德，清朝初年词人。其词以“真”取胜，写景逼真传神，词风清丽婉约，哀感顽艳，格高韵远，独具特色。著有《通志堂集》《侧帽集》《饮水词》等。

一别如斯，落尽梨花月又西

采桑子·而今才道当时错

清·纳兰性德

而今才道当时错，心绪凄迷。红泪偷垂，满眼春风百事非。
情知此后来无计，强说欢期。一别如斯，落尽梨花月又西。

注释

红泪：指女子的眼泪。
无计：没有办法。
欢期：相聚的日子。

简析

这首词以懊恼之意写离别之苦，语少而意足，辞新而情悲，有跌宕摇曳之姿。

“而今才道当时错，心绪凄迷”，分别时只觉曾经太过轻狂，未曾想过分离会有如此苦痛，爱侣间心绪低落，只觉满目凄然。“红泪偷垂，满眼春风百事非”，看到爱人眼泪不禁，转头悄悄擦拭泪水的样子，周遭虽是春光明媚，词人却觉得百事皆非，一切都是冰凉萧瑟的样子，并不见半点春风拂面的喜悦。感伤由内及外，将春日美景彻底地掩盖住了。

“情知此后来无计，强说欢期”，明明知道离别后仿若天涯海角，今生再难相聚，伤情之间却不得不强颜欢笑，定下相聚的日期。“一别如斯，落尽梨花月又西”，今夕一别，便是今生不遇，从今往后只见一树梨花落地，月亮日日向西，宛如工笔画般的勾勒，蕴藏着词人相思寂寥的身影。

背景

纳兰容若工于格律，诗词秀丽，被王国维赞为“北宋以来，一人而已”。这首词以离别为主题，词句优美凄艳外更留有余味，真切动人。

名家点评

〔近代〕梁启超：哀乐无常，情感热烈到十二分，刻画到十二分。(《中国韵文里头所表现的情绪》)